FALTPLAN

»Schreiben Sie uns!

Wir hoffen, dass Ihnen dieser Reiseführer gefällt und er Ihnen ein guter Begleiter auf einer außergewöhnlichen und spannenden Reise ist.

Weil ein Reiseführer von Erfahrungen lebt, sind wir an Ihren Erlebnissen interessiert: Haben Sie im Buch ein Restaurant entdeckt, das es nicht mehr gibt, eine Sehenswürdigkeit, die wir noch nicht aufgeführt haben, oder eine falsche Adresse? Dann schreiben Sie uns!

Wir nehmen jeden Hinweis und jede Kritik ernst und arbeiten kontinuierlich daran, die Bücher aktuell zu halten und immer weiter zu verbessern. Auch wenn wir nicht jeden Wunsch erfüllen können, machen wir uns immer Gedanken über Ihre Anmerkungen.

Schreiben Sie an: info@reise-know-how.de oder Reise Know-How Verlag Peter Rump GmbH, Postfach 140666, 33626 Bielefeld

Wenn sich Ihre Infos direkt auf das Buch beziehen, bitten wir um die Angabe der Seitenzahl und der Auflagennummer bzw. des Erscheinungsjahres. Besonders hilfreiche Beiträge belohnen wir mit einem Sprachführer Ihrer Wahl aus unserer „Kauderwelsch"-Reihe.

Herzlichen Dank und gute Reisen
Ihr Reise Know-How Verlag

Diesem Buch wurde hier ein herausnehmbarer Faltplan beigefügt.
Sollte er beim Erwerb des Buches nicht mehr vorhanden sein, fragen Sie bitte bei Ihrem Buchhändler nach.

Liebe Leserin, lieber Leser,

ein unabhängiger Verlag für unabhängig Reisende – das sind wir, der Reise Know-How Verlag aus Bielefeld, eines der letzten Familienunternehmen in der Branche. Obwohl wir zu den größten Reiseführerverlagen Deutschlands gehören, ist der familiäre Umgang miteinander in allen Bereichen des Verlagslebens zu spüren: In der Geschäftsführung in zweiter Generation, in einer wertschätzenden Arbeitsatmosphäre, in der Nähe zu unseren frei arbeitenden Autorinnen und Autoren, im engen Austausch mit unseren Leserinnen und Lesern – und auch in der Zusammenarbeit mit Druckereien in Deutschland, in denen wir ausschließlich und regional unsere Bücher produzieren. Die sollen schließlich erst mit Ihnen auf große Reise gehen.

Alles, was wir in unsere Bücher und Landkarten stecken, soll Ihnen eines ermöglichen: Auf Ihre ganz eigene, individuelle Weise die Welt zu entdecken. Wir wünschen Ihnen viel Freude und unvergessliche Erlebnisse mit diesem Reiseführer.

Es grüßen herzlich
Peter Rump & Wayan Rump

Paradies zwischen Bodden und Meer

Es ist schon ein schönes Fleckchen Erde, hier, zwischen Ostsee und Bodden. Ob Naturliebhaber, Kunstkenner, Erholungssuchender oder Aktivurlauber: Auf Fischland-Darß-Zingst fühlen sich alle gut aufgehoben.

Zwischen Dierhagen und Zingst liegen idyllische Boddendörfer und rund 60 km traumhafte Strände, an die es im Sommer Tausende Sonnenhungrige zieht. Von den Seebrücken aus beobachtet man das Treiben an den Stränden und lässt sich den Wind um die Nase wehen. Kinder spielen im weichen Sand und sind nur für ein Eis von ihren Kleckerburgen wegzulocken. Wem der Sinn eher nach einem Promenadenbummel steht, der flaniert durch Zingst, Prerow oder Ahrenshoop mit ihren Boutiquen, Cafés und Galerien. Um die unberührte Natur des Darßwaldes zu erleben, schwingt man sich am besten aufs Rad. Nur so oder zu Fuß gelangt man zum Weststrand, möchte man dessen Einsamkeit genießen. Dabei vermischt sich der würzige Duft des Waldes mit der salzigen Luft des Meeres.

Besonders im Herbst, wenn die Strände leer sind und die Tage kürzer werden, zieht es Naturfreunde auf die Halbinselkette, um Rothirsche bei der Brunft und Kraniche beim Einflug zu beobachten. Die Orte auf Fischland-Darß-Zingst sind jeder für sich einen Besuch wert und auch das nahe Festland mit Ribnitz-Damgarten und Barth ist ausgesprochen sehenswert. Traditionelle und innovative Veranstaltungen wie die Zeesbootregatten, das Tonnenabschlagen und das Fotofestival „horizonte zingst" sowie eine große Bandbreite an Sportangeboten zu Wasser und an Land bieten dem Besucher ganzjährig Erlebnisse.

Die Autoren

Beruflich wie privat kommen **Anne Kirchmann** und **Thomas Morgenstern** oft auf die Halbinsel Fischland-Darß-Zingst. Anne, Jahrgang 1980, verließ ihre brandenburgische Heimat einst, um in Rostock Wirtschaftswissenschaften zu studieren. Als Reiseleiterin ist sie seit vielen Jahren unterwegs und zeigt interessierten Gästen die schönsten Ecken des Landes, so auch die Halbinsel. Was zu Studienzeiten als Nebenjob begann, entwickelte sich zum Hauptberuf. Thomas kam 1977 in Stralsund zur Welt. Doch Laufen und Radfahren lernte er in Wieck auf dem Darß. Mit zwei Jahren zog es ihn nach Rostock, aber das kleine Boddendorf ist noch immer seine zweite Heimat. Sein Interesse an Fotografie und das Germanistikstudium waren beste Voraussetzungen für das Zustandekommen dieses Buches. Nach dem „CityTrip Rostock und Wismar" und dem „InselTrip Rügen" ist dies nun die dritte gemeinsame Arbeit der beiden Autoren und eine ganz besondere Gelegenheit, dieses schmale Land zwischen Ostsee und Bodden mit seinen Menschen und Geschichten vorzustellen.

008fd-tm

Unsere

002fd-tm

4 Künstlerkolonie Ahrenshoop [B4]
Als Sehnsuchtsziel nicht nur für Landschaftsmaler ist Ahrenshoop bis heute ein lebendiger Kulturort. Viel erinnert noch an das kleine Bauerndorf, das Künstlern als Rückzugsort und Inspiration diente. Im Kunstmuseum sind die Werke etlicher Ahrenshooper Stammgäste zu bewundern, die dem Ort seit 1890 ihre Aufwartung machten. Hier beginnt zudem der bekannte Weststrand (s. S. 25).

012fd-tm

17 Weststrand am Darßer Ort [D1]
Ein Traum aus weißem Sand und blauem Wasser: Zum Weststrand zwischen Ahrenshoop und Prerow 13 kommt man nur mit dem Rad oder zu Fuß durch den Darßwald. Knorrige, von der Sonne gebleichte Wurzeln am Strand, die typischen, Windflüchter genannten, von Stürmen zerzausten Bäume, interessante Treibgutfunde und eine endlose Weite machen einen Spaziergang zum Erlebnis (s. S. 47).

039fd-tm

19 Seebrücke und Kurhaus Zingst [S. 144]
Die Zingster Seebrücke lädt zum Flanieren ein und lockt auch zum Sonnenuntergang Gäste an, die bei einem Glas Wein die Stimmung genießen. Von hier schweift der Blick rechts zur Insel Hiddensee und links zum Darßer Ort. Das Kurhaus ist heute wieder ein zentraler Treffpunkt, mit seinem Fachwerkstil wirkt es traditionsverbunden und dennoch zeitgemäß (s. S. 53).

001fd-tm

30 Deutsches Bernsteinmuseum im Kloster Ribnitz [S. 68]
Das ehemalige Klarissenkloster wurde zum Deutschen Bernsteinmuseum umgestaltet. Das „Gold der Ostsee“ wird in historischem Ambiente reizvoll präsentiert. Besucher erfahren auf drei Etagen alles über die Entstehung und Verwendung des fossilen Harzes und können Schmuckstücke erwerben. Auch die Klosterkirche mit den Ribnitzer Madonnen ist sehenswert (s. S. 70).

Lieblingsorte

Auf dem Deck eines Zeesboots

Ein Törn mit den traditionellen, flachen Holzbooten mit ihren rot-braunen Segeln ist ein Urlaubstraum. Jeder darf mit anfassen und mal die Pinne halten, doch ist es gar nicht so einfach, das Boot auf Kurs zu halten. Oder man genießt Wind und Sonne und lässt den Skipper machen – ein Kulturerbe mit hohem Erlebniswert. Fahrten finden z. B. von Wustrow 2, Althagen oder Zingst 18 aus statt (s. S. 66).

006fd-tm

8 Born a. Darß

Egal ob mit dem Fahrrad oder zu Fuß, ein Streifzug entlang der Nord- und Chausseestraße im Boddendorf Born ist ein Fest für die Augen. Die urigen Häuser mit ihren bunten Türen und romantischen Reetdächern gehören zu den am besten erhaltenen auf der Halbinselkette. Selten sieht man diese traditionelle Bebauung so geschlossen erhalten und liebevoll gepflegt. Auch die Gärten sind eine Pracht (s. S. 33).

102fd-tm

Die Darßer Arche in Wieck a. Darß 12

Geht man um das Ausstellungsgebäude in Wieck herum, stößt man auf spannende bauliche Kontraste – von der Straße aus präsentiert es sich als Backsteinbau und von der Boddenseite her als eine an ein Schiff erinnernde Holzkonstruktion. Im Innern begeistert die Ausstellung zum Nationalpark Vorpommersche Boddenlandschaft, die Galerie Künstlerdeck lädt zum Verweilen ein (s. S. 39).

101fd-tm

Teeschale in Prerow

Einen Platz ergattert und nun die Pause genießen! Das schmucke Holzhaus mit Reetdach und lauschigem Garten ist eine Institution. Zwölf Sorten Kuchen und köstliche kleine Gerichte zaubern die Damen des Hauses jeden Tag. Dazu wählt man aus unzähligen Teespezialitäten oder nimmt einen klassischen Kaffee – alles serviert in selbst getöpfertem Porzellan (s. S. 46).

007fd-tm

Inhalt

Bewertung der Sehenswürdigkeiten

★★★ nicht verpassen
★★ besonders sehenswert
★ wichtig für speziell interessierte Besucher

Planquadrat im Kartenmaterial

[A1] Orte ohne diese Angabe liegen außerhalb unserer Karten. Ihre Lage kann aber wie die aller Ortsmarken mithilfe der begleitenden Web-App angezeigt werden (s. Anhang).

Updates zum Buch

www.reise-know-how.de/inseltrip/fischland23

Reizvoller Blickfang im Außenbereich der Galerie Künstlerdeck in der Darßer Arche (s. S. 39) in Wieck 12 (010fd-tm)

Benutzungshinweise

Orientierungssystem

Die in den folgenden Kapiteln beschriebenen Attraktionen sind mit einer **fortlaufenden magentafarbenen Nummer** gekennzeichnet, die sich als Ortsmarke im Faltplan oder Detailplan wiederfindet. Steht die Nummer im Fließtext, verweist sie auf die Beschreibung dieser Attraktion.

Die Angabe in **eckigen Klammern** verweist auf das Planquadrat im Faltplan oder auf den Detailplan. Beispiele:

18 Ostseeheilbad Zingst ★★★ [F2]
31 Rostocker Tor ★ [S. 68]

Alle weiteren Points of Interest wie Unterkünfte, Restaurants oder Cafés sind mit einer Nummer in **spitzen Klammern** versehen. Anhand dieser eindeutigen Nummer können die Orte in unserer speziell aufbereiteten Web-App unter www.reise-know-how.de/inseltrip/fischland23 lokalisiert werden (s. S. 144). Beispiel:

› **Walfischhaus Restaurant & Café** €€ <024>

Beginnen die Points of Interest mit einem **farbigen Quadrat,** so sind sie zusätzlich in den Detailplänen eingezeichnet:

■ **Schmuckhaus Vineta** <48>

Der Schmetterling …

… zeigt an, wo man besonders gut Natur erleben kann oder Angebote im Bereich des nachhaltigen Tourismus findet.

Kinder-Tipps

Das Symbol kennzeichnet Sehenswertes, Unterkünfte und Aktivitäten, an denen auch kleine Urlauber ihre Freude haben.

Preiskategorien

Restaurants

€	bis 15 €
€€	15–25 €
€€€	ab 25 €

Die Preise gelten für ein Hauptgericht ohne Getränke.

Unterkünfte

€	bis 90 €
€€	90–140 €
€€€	ab 140 €

Die Preise gelten für ein Doppelzimmer inklusive Frühstück in der Hauptsaison Juni–Sept.

Vorwahlen

Auf Fischland-Darß-Zingst gelten diverse Vorwahlen. Im Buch ist die Vorwahl deshalb **stets mit angegeben.**

FISCHLAND-DARSS-ZINGST ENTDECKEN

011fd-tm

Fischland-Darß-Zingst im Überblick

Lange Zeit stand Fischland-Darß-Zingst im Schatten der beliebten Ostseeinseln Rügen und Usedom. Die **Halbinsel** ist aber längst kein Geheimtipp mehr. Obwohl im Laufe der Jahre die Bekanntheit und damit der Besucherstrom stetig zugenommen haben, konnte man sich einen gewissen Grad an **Ursprünglichkeit** bewahren. Und genau das ist es, was jährlich Tausende Urlauber hierher lockt.

Naturliebhaber genießen die unverfälschte Landschaft bei Wanderungen im Darßwald oder an den stillen Boddenküsten. **Badeurlauber** erwarten breite, weiße, flach abfallende Sandstrände, fast paradiesisch mutet der abgeschiedene Weststrand [C1–2] an. **Kulturfreunde** schätzen neben den Kunstausstellungen in Ahrenshoop 4 auch die vielfältigen Veranstaltungen in attraktiver Umgebung, die in der Region angeboten werden (s. S. 96). Wer die **Lebhaftigkeit der Seebäder** bevorzugt, hat in Zingst 18 und Prerow 13 Gelegenheit, in Boutiquen zu stöbern, im Café zu sitzen und mit einem Cocktail in der Hand auf der Seebrücke den Sonnenuntergang zu bewundern. **Ruhesuchende** können sich in die Boddendörfer oder auf das nahe Festland zurückziehen und finden dort neben angenehmen Quartieren auch viel Gelegenheit, die Seele baumeln zu lassen.

Die Mehrzahl der **Gäste** stammt aus Deutschland. Besonders Berliner, Brandenburger und Sachsen zieht es traditionell an diese Küste. Am Strand hört man jedoch heute ebenso rheinischen oder schwäbischen Dialekt und auch Österreichern und Schweizern ist die Halbinsel nicht mehr unbekannt.

Fischland-Darß-Zingst hat sich zu einem **ganzjährigen Reiseziel** entwickelt. Strandurlauber, darunter viele junge **Familien**, zieht es vor allem in den Sommermonaten in die Region. **Senioren** bevorzugen die weniger heißen Monate Mai, Juni und September. Selbst rund um den Jahreswechsel sind die Hotels gut gebucht. Das Wetter ist ganzjährig mild. Wenn jedoch von November bis März Stürme über die Halbinsel fegen, können sich auch fünf Grad plus eisig anfühlen. Dann ist die Zeit der **Strandgänger**, die nach Sturmnächten Bernstein, Muscheln und andere Kostbarkeiten des Meeres suchen. Egal, ob man die Halbinsel nur für ein Wochenende oder zwei ganze Wochen besuchen möchte, es findet sich immer eine passende Unterkunft (s. S. 126).

Das Land zwischen Meer und Bodden war noch bis weit ins 20. Jh. eine **abgeschiedene Region**, teils ohne feste Straßenanbindung und oft ohne Telefonleitungen. Bis zum Einsetzen des **Tourismus** lebten die Menschen überwiegend als einfache Bauern, Fischer und Seeleute. Dies änderte sich Ende des 19. Jh. langsam. In Prerow begrüßte man schon um 1880 die ersten Feriengäste, in Wieck 12 hingegen erst um 1935. Die Unzugänglichkeit der Orte sorgte oftmals für eine langsame und damit relativ behutsame Entwicklung des Fremdenverkehrs. Heute ist der Tourismus der wichtigste Wirtschaftszweig. Daneben finden die Bewohner Beschäftigung in der **Landwirtschaft** und in zahlreichen **familiengeführten**

◁ Vorseite: Strandspaziergang an der Steilküste bei Wustrow 2

013fd-tm

Handwerks- und Handelsunternehmen. Große Industriebetriebe gibt es nicht. Nach wie vor stellt die **Abwanderung junger Menschen** ein Problem dar. Der Mangel an günstigem Wohnraum und attraktiven Jobs außerhalb der Tourismusbranche sowie deren zum Teil niedrigen Löhne lassen viele Jugendliche in größere Städte ziehen.

Platt wird traditionell noch in einigen Familien gesprochen, aber mit der Durchmischung durch Zuzug und infolge mangelnden Interesses der jüngeren Generation an der Sprache der Großeltern wird es immer mehr zurückgedrängt.

In Born 8 und Wieck bekommt man als Besucher noch das Gefühl, in einem **lebendigen Dorf** zu sein, wo das Leben auch ohne Touristen seinen gewohnten Gang gehen würde. **Kulturelle Traditionen** wie das Tonnenabschlagen (s. S. 99), das Zeesbootsegeln (s. S. 66) und die geschnitzten Darßer Haustüren (s. S. 45) werden überall zwischen Dierhagen 1 und Zingst engagiert gepflegt und stellen ein echtes Alleinstellungsmerkmal dieses Landstrichs dar.

⌃ *Morgenstimmung an der Brücke zwischen dem Festland und Zingst*

Der Reisende pendelt auf der Halbinsel zwischen **Orten am Bodden** (s. S. 105) und **Gemeinden an der Ostsee.** Der **Kontrast** dieser beiden Küstenformen prägt die Landschaft.

Generell unterscheiden die Touristiker **vier Regionen:** die drei ehemaligen Inseln Fischland, Darß und Zingst und das Festland entlang der südlichen Boddenküste. Die **Grenzen** zwischen Fischland, Darß und Zingst sind nicht immer erkennbar, da sie etwa in Ahrenshoop und Prerow mitten im Ortskern verlaufen. Viele Urlauber nutzen anstelle des umständlich klingenden Namens Fischland-Darß-Zingst eine Kurzform und sagen knapp, man fahre „auf den Darß“, auch wenn sie vielleicht das Fischland meinen.

Das **Fischland,** wozu oft auch Dierhagen gezählt wird, ist der kleinste Teil der Halbinsel und eher schmal. Wustrow 2, an Bodden und Ostsee gelegen, ist der Hauptort und war von jeher durch die Seefahrt (s. S. 20) geprägt. Noch heute finden sich davon Spuren im Ortsbild. In Ahrenshoop, bekannt als Künstlerkolonie (s. S. 25) und nach wie vor eine Inspirationsquelle für Maler und Kunsthandwerker, ist dann bereits der **Darß** erreicht. Auf dem bauchigen und überwiegend mit Wald bedeckten Darß finden sich die Boddendörfer Born und Wieck mit ihren malerischen Rohrdachhäusern sowie das populäre Ostseebad Prerow. Letzteres ist vielen durch den herrlichen Strand und die Landspitze **Darßer Ort** 17 mit dem Leuchtturm bekannt. Ein großer Teil des Darß liegt im **Nationalpark Vorpommersche Boddenlandschaft** (s. S. 107). Gleich hinter Prerow beginnt schon der **Zingst,** der dritte Teil der Halbinselkette. Hier gibt es reichlich unberührte Natur, der einzige bewohnte Ort ist das Ostseeheilbad Zingst mit seiner gut ausgebauten touristischen Infrastruktur. Ein Großteil des Zingst steht unter Schutz und wird weder bebaut noch vom motorisierten Verkehr durchquert. Ein Paradies für Radwanderer ist die Route zur Ostspitze von Zingst mit **Pramort** 22 und entlang der Boddenküste am Zingster Strom (s. Radtour 1 auf S. 87). Über die Meiningenbrücke [F3] ist schließlich das **Festland** erreicht. Zwischen den charmanten kleinen Städten Barth 23 und Ribnitz-Damgarten 28 kann man die Landschaft der südlichen Boddenküste erkunden und z. B. eine Stippvisite in den reizenden Dörfern Bodstedt und Fuhlendorf 27 einlegen.

Wie Fischland-Darß-Zingst erkunden?

Viele Urlauber nutzen das **Auto** zumindest für die Anfahrt, für etliche ist es aber nach wie vor das Hauptverkehrsmittel. Über die Halbinsel führt eine **gut ausgebaute Straße,** die von den Einheimischen auch **Bäderstraße** genannt wird. Die Anfahrt kann zum einen über Ribnitz-Damgarten erfolgen – dann durchquert man die Halbinsel in der Reihenfolge ihres Namens: Fischland, Darß und Zingst. Alternativ reist man von Barth aus oder via südliche Boddenküste (Fuhlendorf/Bodstedt) über die **Meiningenbrücke** (s. S. 114) auf den Zingst und durchfährt die drei Regionen in umgekehrter Reihenfolge. Beide Zufahrtsstraßen sind in der Hochsaison und an Feiertagswochenenden stark frequentiert. Die meisten Straßen der Region sind neu und gut ausgebaut. Nur in den Ortslagen sind einige Nebenstraßen noch Sand- oder Pflasterwege.

Der Deich zwischen Prerow 13 und Zingst 18 wird im Sommer zu einer wahren „Radautobahn"

009fd-tm

Inselsteckbrief

- **Lage:** Die Halbinsel Fischland-Darß-Zingst liegt an der Mecklenburgischen Ostseeküste zwischen Rostock und Stralsund. Ihr östlichster Punkt reicht dabei fast bis an die Insel Hiddensee heran. Im Süden ist das Fischland mit dem Festland verwachsen. Im Osten stellt die Meiningenbrücke die Verbindung von Zingst zum Festland her.
- **Größe:** Die Ausdehnung der Halbinsel beträgt von Nord nach Süd ca. 25 km und von Ost nach West 45 km. Mit dem Auto sind es von Dierhagen 1 bis nach Zingst 18 rund 35 Straßenkilometer. Gleich hinter Prerow 13 in Richtung Zingst liegt die mit 100 m schmalste Stelle zwischen Bodden (hier Prerowstrom) und Ostsee. Auch bei Wustrow 2 auf dem Fischland ist die Landbrücke nur 400 m breit. Zwischen Wieck 12 und dem Weststrand [C1–2] legt man wiederum rund 7 km zurück.
- **Aufbau:** Die Form erinnert an einen nach rechts deutenden Zeigefinger oder an die Silhouette der Windflüchter genannten Bäume. In einem großen Bogen führt die Küste von Westen zunächst nach Norden und dort in einer nahezu geraden Linie gen Osten, während die dem Festland zugewandte Seite von zahlreichen Einbuchtungen geprägt ist. Die drei einstigen Inselkerne sind durch natürliche und menschengemachte Verlandung zusammengewachsen. Das schmale Fischland ist das kleinste Teilstück, der größere Darß eher breit und der Zingst schlank mit langgezogener Spitze. Zur Region gehören auch einige geschützte und daher unbewohnte Inseln, z. B. Werder, Bock und Kirr.
- **Küstenlänge:** Die äußere Küstenlinie beträgt ca. 65 km. Bis auf die Steilküste zwischen Wustrow und Althagen [B4] handelt es sich vorwiegend um flache Sandstrände. Durch die vielen Buchten und Haken ist die Boddenküste im Süden jedoch um einiges länger, wenn auch weniger gut zugänglich als die Ostseeküste im Norden.
- **Höchste Erhebung:** Die höchste Erhebung ist der Bakelberg [B4] bei Ahrenshoop 4 mit 18 m. Große Teile der Halbinsel liegen unter oder nur wenig über dem Meeresspiegel. Die Landschaft ist, abgesehen vom Darßwald, flach.
- **Einwohnerzahl:** Auf Fischland-Darß-Zingst sind ungefähr 10.000 Menschen zu Hause. Der einwohnerstärkste Ort ist Zingst mit rund 3200 Bewohnern. Wieck zählt hingegen nur ca. 750 Einwohner.
- **Verwaltung und Kfz-Kennzeichen:** Fischland-Darß-Zingst gehört zum Landkreis Vorpommern-Rügen. Offizielles Kfz-Kennzeichen ist VR (Vorpommern-Rügen), es können jedoch auch ältere Kennzeichen weiter genutzt werden, so RDG (Ribnitz-Damgarten) und NVP (Nordvorpommern).

094fd-tm

Parkplätze sind ausreichend vorhanden. Für eine touristisch geprägte Region sind die Preise noch moderat: Die Parkgebühren liegen in der Regel bei 1 €/Std. oder man zahlt eine Tagespauschale zwischen 3 und 12 €. Etwas weiter entfernt vom Strand und in der Nebensaison wird es günstiger.

Vor Ort kann man sich auch gut ohne Auto bewegen. Die **Radwege** sind sehr gut ausgebaut und meist ist man sogar schneller und stressfreier am Ziel (Details s. Radfahren auf S. 86). Viele Urlauber bringen mittlerweile ihre eigenen Räder mit, jedoch kann man in allen Urlaubsorten eine große Auswahl an Fahrrädern zu verträglichen Preisen leihen. Der **Linienbus** (s. S. 131) nimmt Drahtesel auf einem Anhänger mit. Das **RADzfatz** (s. S. 87) getaufte Angebot besteht von Mai bis Oktober, der Aufpreis ist mit 3 € pro Fahrrad (E-Bike 7 €) günstig. Der Bus der Linie 210 steuert alle Orte in den drei Regionen an und verbindet so Ribnitz-Damgarten und Barth. Mit der mindestens zweistündigen Taktung ist der Linienbus eine gute Alternative.

Auch auf dem **Wasser** kommt man gut von A nach B. Neben den klassischen **Rundfahrten,** z. B. zu den Borner Bülten (kleine Schilfinseln) oder auf dem Zingster Strom (s. S. 125), verkehren Boote im Rahmen eines **Fährverkehrs,** etwa von Zingst nach Barth oder von Wustrow nach Born. Das Fahrrad darf mit an Bord.

Die Auswahl an **Wanderstrecken** auf Fischland-Darß-Zingst (s. S. 81) ist groß und mithilfe des Linienbusses oder der Fahrgastschiffe lässt sich der Aktionsradius gut erweitern.

⊡ Blick auf den idyllischen Boddenhafen und die Kirche in Wustrow ❷

Fischland

Kurz vor Wustrow ❷ beginnt das Fischland, das den **südlichen Teil der Halbinsel** Fischland-Darß-Zingst bildet. Auf rund 5 km Länge erstreckt sich dieser ehemalige Inselkern zwischen Ostsee und Bodden. Der **Permin,** ein Wasserlauf südlich von Wustrow, und der nördlich gelegene **Loop** vor Ahrenshoop ❹, beides ehemalige Mündungsarme der Recknitz, machten das Fischland einst zum Eiland. Die breiteste Stelle misst heute 2,5 km. Am nördlichen Ende ist Fischland dagegen mit rund 800 m recht schmal. Wer einen Überblick bekommen möchte, begibt sich auf den **Bakelberg** [B4]. Mit fast 19 m ist dieser Hügel bei Niehagen die höchste Erhebung. Das Fischland ist vor allem von offenen Landschaften wie **Wiesen, Weiden und Mooren** geprägt. Ausgedehnte Wälder findet man hier nicht.

Eine Besonderheit an der Ostseeküste des Fischlands ist das **Steilufer** [B4] zwischen Wustrow und Ahrenshoop, das nach Norden und Süden in flache Dünenlandschaften übergeht. Auf ganzer Länge verläuft ein **breiter Sandstrand.** Heftige Herbststürme nagen beständig an der Steilküste und lassen immer wieder Teile ins Meer rutschen. Im Osten markiert ein dichter Schilfgürtel den Übergang zwischen flachem Land und Wasser.

Auf diesem schmalen Land siedelten schon früh Menschen. Davon zeugen **neusteinzeitliche Funde** bei Wustrow, dem „umflossenen Ort“. Später ließen dort, wo sich heute die Wustrower Kirche ❸ erhebt, Slawen einen Burgwall aufschütten. Selbst nach der Besiedlung durch niedersächsische und westfälische Einwanderer im 13. Jh. blieb die Be-

014fd-tm

zeichnung „Swante-Wustrow“, „Heilige Insel“, noch bis zum 16. Jh. gebräuchlich. Erst dann setzte sich langsam der **Name Fischland** durch, der wohl auf die hervorragenden Bedingungen für den Fischfang in Bodden und Ostsee verweist. Doch zu jener Zeit war Wustrow schon lange keine Insel mehr. Bereits Ende des 14. Jh. wurde der Permin, der langsam versandete, endgültig von Stralsunder Kaufleuten zugeschüttet, und zwar mit der Begründung, man wolle gegen die **Vitalienbrüder** vorgehen, eine Gruppe räuberischer Seefahrer, die immer wieder die Boddengewässer als Rückzugsort ansteuerten. Der Loop bei Ahrenshoop markierte zugleich viele Jahrhunderte lang die **Grenze zwischen Mecklenburg und Pommern.**

Alle **Orte** des Fischlands haben ihren eigenen Charakter. Dierhagen ① präsentiert sich mit seinen abwechslungsreichen Ortsteilen links und rechts der vielbefahrenen Fischlandchaussee. Wustrow mit Barnstorf liegt mittig zwischen Ostsee und Bodden. Hinter den Dünen im Norden entstand Ahrenshoop. Dessen Ortsteile Alt- und Niehagen befinden sich wiederum am Bodden. Die Menschen hier lebten von Ackerbau, Fischfang und der Seefahrt.

Mit der Fertigstellung der **Fischlandchaussee** von Ribnitz ㉘ bis nach Wustrow im Jahr 1929 wurde der Grundstein für die **touristische Entwicklung** gelegt. Vor allem nach dem Zweiten Weltkrieg stiegen die Urlauberzahlen stetig an. Besonders an die **schönen Strände** zieht es die Gäste im Sommer. Auch zum **Wandern,** z. B. auf der Fischlandtour zwischen Wustrow und Ahrenshoop (s. S. 84), und zum **Radfahren** findet man viel Gelegenheit. Entlang der Ostsee verlaufen die Wege oft schnurgerade auf dem Deich oder parallel dazu, während man im Osten dem unregelmäßigen Verlauf des Boddenufers folgt. Daneben kommen **Kunstliebhaber** im schon fast mondän wirkenden Ahrenshoop auf ihre Kosten, das mit etlichen Veranstaltungen das ganze Jahr über Besucher anlockt.

1 Ostseebad Dierhagen ★★ [A6]

„Tor zum Fischland“ wird Dierhagen auch genannt. Weit verstreut stehen die Häuser des Ortes zwischen Ostsee und Bodden, umgeben von Mooren und Wiesen.

Genau genommen befindet sich Dierhagen noch auf dem vorgelagerten Festland. Doch der Ort selbst, ebenso wie die Tourismusbranche, zählt Dierhagen schon zum Fischland.

Die Gemeinde mit ihren rund 1500 Einwohnern besteht aus insgesamt **sechs Ortsteilen:** Dierhagen Strand, Dierhagen Neuhaus und Dierhagen Ost (alle auf der Ostseeseite) sowie Hof Körkwitz, Dändorf und Dierhagen Dorf (alle am Saaler Bodden bzw. Ribnitzer See). **Archäologische Funde** lassen darauf schließen, dass schon vor rund 7000 Jahren Menschen an diesem Ort lebten. Mit der deutschen Ostexpansion im 12. Jh. wurden die slawischen Bewohner, die hier seit dem 8. Jh. siedelten, langsam verdrängt. 1311 wurde Dierhagen erstmals als „Deerhagen“ in einem dänischen Schutzbrief erwähnt. Der Name scheint die Eindeutschung des slawischen Begriffs *Zwerin* („Tiergehege“) zu sein. Man vermutet, dass die Slawen hier für eine weiter nördlich gelegene Kultstätte Pferde züchteten. **Pferdezucht** wurde noch bis zum Dreißigjährigen Krieg betrieben.

Dierhäger waren jahrhundertelang hauptsächlich Bauern und Fischer. Im 19. Jh. verdienten viele Männer ihr Geld als **Seefahrer** (s. S. 20). Mit Beginn des 20. Jh. setzte langsam der Badebetrieb ein. Stolz verzeichnete man 1910 schon 800 Gäste. Erst nach 1945 entwickelte sich der **Tourismus** aber zu einer wichtigen Einnahmequelle. Besonders die Ortsteile entlang der Ostsee erfuhren dadurch einen unglaublichen Aufschwung.

Der Eindruck, Dierhagen habe neben dem Strand wenig Spannendes zu bieten, täuscht. Die ältesten Teile der Gemeinde liegen zum einen in **Dändorf**, wo an der restaurierten Salzstraße eine Schautafel die Geschichte dieses einst so wichtigen Handelsweges verdeutlicht, und zum anderen rund um die **Dorfkirche im**

015fd-tm

Ortsteil Dierhagen Dorf. Das kleine Gotteshaus von 1850 erhielt seinen Turm erst 1928. Große Teile der historischen Bebauung fielen verheerenden Bränden, z.B. im Jahr 1853, und späteren Sturmfluten zum Opfer. Das heutige Erscheinungsbild mit den regelmäßigen Straßen und den massiven Häusern geht vor allem auf den Wiederaufbau Ende des 19. Jh. zurück. Schmucke Zeugen des Schaffens findet man z.B. in der **Hafenstraße,** die zum Bodden führt. Hier stehen noch typische **Fischerhäuser.** Bis zum Bau des Hafens 1887 gab es hier nur eine Anlandestelle, die, je nach Wasserstand des Boddens, ihre Lage veränderte. Der **Sportboothafen** und das Haus der heutigen Gaststätte Boddenblick entstanden 1982. Hier kann man **Tret- und Motorboote** für einen kleinen Ausflug auf den Bodden ausleihen.

Während es auf der Boddenseite eher ruhig zugeht, ist es in den erst später entstandenen westlichen Ortsteilen im Sommer ausgesprochen lebendig. Tausende Sonnenhungrige zieht es dann täglich an den **breiten Sandstrand,** der sich über fast 7 km erstreckt. Hinter den Dünen, zwischen Kiefern, die im Sommer angenehm Schatten spenden, stehen verstreut zahlreiche **Ferienhäuser.** Diese idyllische Lage zog schon zu DDR-Zeiten die Obersten der Regierung an, die sich hier im Sommer auf ihre Feriengrundstücke zurückzogen. Für Gäste der Regierung gab es zudem ein exklusiv ausgestattetes Gästehaus. An gleicher Stelle steht heute eins von zwei größeren Hotels. Für den kleineren Geldbeutel bietet die Gemeinde **drei Campingplätze** (u.a. Camping in Neuhaus, s. S. 129), die wegen der kurzen Wege zum Strand im Sommer sehr beliebt sind. Die Landschaft mit ihren **Kiefernwäldchen und Dünen** ist ideal für ausgedehnte **Spaziergänge.** Mit dem **Fahrrad** lassen sich auf einer großen Runde alle Ortsteile durchfahren.

◁ Rund um die Kirche liegt der alte Dorfkern von Dierhagen

Infos und Reisetipps

› **Parken:** Parkplätze für Besucher sind in allen Ortsteilen vorhanden. In Dierhagen Strand gibt es große, überwiegend unbefestigte, Parkplätze für Strandbesucher. In den Ortslagen von Dierhagen Dorf und Dändorf warten Parkplätze mit Parkscheibe (max. 2 Std.). Im Hafen Dierhagen ist ebenfalls ein großer, gebührenpflichtiger Stellplatz vorhanden, der auch für Wohnmobile geeignet ist.

› **Kurverwaltung Dierhagen** <001> im Haus des Gastes, Ernst-Moritz-Arndt-Str. 2, Tel. 038226 201, www.ostseebad-dierhagen.de (unter „Dierhagen"/„i-Tourismusinformation"), geöffnet: Mai–Sept. Mo.–Fr. 9–18, Sa./So. 10–15 Uhr, Okt.–April Mo.–Fr. 9–16, Sa. 10–13 Uhr. Die Touristeninformation bietet neben Prospektmaterial auch den Verkauf der Kurkarte an. Es gibt ein Internetterminal, eine Bibliothek und ein Spielzimmer. **Außenstelle im Hafen** von Dierhagen Dorf (witterungsabhängig geöffnet, Tel. 038226 53787) mit WLAN-Zugang für Gäste.

Essen und Trinken

› **Eiscafé Glassissimo** <002> Birkenallee 3, geöffnet: April–Okt. tgl. mind. 13–18 Uhr, oft länger. Beliebte und viel gelobte Eisdiele im Ortsteil Neuhaus. Das italienische Eis wird in vielen klassischen, aber auch ausgefallenen Sorten angeboten. Sitzplätze sind für Cafébesucher vorhanden.

016fd-tm

› **Gaststätte Boddenblick** €-€€ <003> Hafenstr. 13, OT Dorf, Tel. 038226 80166, https://gaststaetteboddenblick.jimdofree.com, geöffnet: tgl. 12–20.30 Uhr, Okt.–April eingeschränkte Öffnungszeiten. Direkt am Hafen gelegen, bietet das urige, kleine Lokal vor allem Fischspezialitäten und traditionelle Gerichte an. Im Sommer kann man auch Fischbrötchen vom hauseigenen Kutter erwerben.

› **Ostseelounge** €€€ <004> im Strandhotel Fischland, Ernst-Moritz-Arndt-Str. 6, OT Strand, Tel. 038226 52666, www.strandhotel-fischland.de/ostseelounge, geöffnet: April–Dez. Di.–Sa. 18.30–22 Uhr, Reservierung erforderlich. Hier wird ein mehrgängiges Gourmetmenü serviert mit einer besonders schönen Aussicht über die Ostsee.

Kino

› **Sommerkino Blinkfeuer** <005> Ernst-Moritz-Arndt-Str. 1 b, OT Strand, Tel. 038226 80470, geöffnet: April–Okt. Eine schöne Abwechslung bei längeren Urlaubsaufenthalten ist ein Besuch des Sommerkinos. Mehrmals pro Woche werden in der Saison abends Filme gezeigt. Urige, einfache Ausstattung.

2 Ostseebad Wustrow ★★★ [B4]

Die älteste Fischlandsiedlung hat mit ihren rund 1100 Einwohnern schon nahezu kleinstädtischen Charakter. Zahlreiche Restaurants und Cafés, kleine Geschäfte und die Seebrücke laden zum Verweilen ein. Letztere bietet zum Betrachten des Sonnenuntergangs einen Platz in der ersten Reihe.

Kaum hat man, von Süden kommend, das Schild passiert, das den Beginn des Fischlands markiert, erblickt man rechter Hand schon die Kirche von Wustrow 3 und die 1965 gestrandete „Stinne".

Auch Wustrow war zunächst eine **slawische Siedlung**, deren Name verkürzt als „Insel" übersetzt werden kann. Wo sich heute die Kirche erhebt, soll einst dem slawischen Gott **Swantevit** gehuldigt worden sein. 1395 wurde der Permin, der südlich gelegene Mündungsarm der Recknitz, geschlossen und so das Fischland dauerhaft mit dem Festland verbunden. Die Einwohner lebten damals vor allem von Landwirtschaft und Fischerei. Während der Blütezeit der **Segelschifffahrt** (s. S. 20) gesellten sich nun zu den traditionell rohrgedeckten Bauernkaten auch die schmucken Backsteinhäuser der Schiffer.

Die meisten dieser **Kapitänshäuser** findet man im Westen entlang der **Strandstraße**, während östlich der Fischlandchaussee, im Ortsverlauf heißt sie Ernst-Thälmann-Straße, überwiegend bäuerliche Katen stehen. Ein interessantes Beispiel ist

Appetit auf ein Fischbrötchen? Auf zum Dierhäger Hafen!

die **Schifferwiege** gegenüber der Kirche. Sie ist eines der ältesten Häuser Wustrows. Hier soll früher eine Hebamme gewohnt haben, die so manchem späteren Seemann geholfen hat, auf die Welt zu kommen. Links, der Neuen Straße folgend, gelangt man in den ältesten Teil Wustrows. Einige der hier stehenden **Büdnerhäuser** (Büdner = Kleinbauern) gehen auf den Beginn des 19. Jh. zurück. Sie besitzen mitunter gut erhaltene **Klöntüren.** Bei diesen Eingängen ließ sich der obere Teil der Tür separat öffnen und man konnte „klönen", also sich unterhalten, ohne dass das Vieh herein oder heraus spazierte.

Mit rund 220 Jahren zählt das denkmalgeschützte **Fischlandhaus** mit seinen rot getünchten Lehmwänden am nördlichen Ende der Straße ebenfalls zu den ältesten Bauten Wustrows. Erst 2010 entstand der rückwärtige Anbau. Wo heute historische Kunstwerke und moderne Malerei gezeigt werden, lebten früher Mensch und Vieh unter einem Dach. Zudem beherbergt das Fischlandhaus eine kleine Bibliothek mit zahlreichen Büchern über die Region. Ein Besuch lohnt sich, um die historische Architektur zu bewundern.

Nur wenige Meter hinter dem Fischlandhaus gelangt man zum alten **Friedhof.** Viele Gräber zeugen von der Seefahrertradition der hier ansässigen Familien.

Rechts vorbei an der Schifferwiege erreicht man den kleinen **Hafen.** Dieser zeigt sich seit 2019 frisch renoviert mit neuen Kaikanten und Stegen. Hier duftet es herrlich nach **geräuchertem Fisch.** Im Hafen lassen sich oft die für das Fischland typischen **Zeesboote** (s. S. 66) bestaunen. Wer möchte, kann gleich einen Törn auf einem der Segler buchen.

Wenige hundert Meter weiter hinter dem Hafen befindet sich **Barnstorf.** Das früher eigenständige Dorf ist heute ein Ortsteil Wustrows. Hier stehen einige der ältesten und zugleich ansehnlichsten Bauernhöfe des Fischlands. Die tief heruntergezogenen Reetdächer der alten Hallenhäuser sind beliebte Fotomotive. Eines dieser Gehöfte bietet mit der **Kunstscheune Barnstorf** eine ganz besondere Attraktion. Bereits im Garten kann man Kunstwerke bewundern. In der Scheune werden neben Keramiken auch Plastiken, Zeichnungen und Schmuck vorwiegend norddeutscher Künstler gezeigt.

Eine Besonderheit Wustrows ist die **„Stinne".** Nachdem der 1919 gebaute dänische Zweimastschoner 1960 an der Küste gestrandet war, entschloss man sich, die „Stinne" wegen zu hoher Reparaturkosten einfach zum Bodden zu bringen. Hier dient sie nun seit vielen Jahren als **Hotelschiff** (s. S. 128).

017fd-tm

Die ehemalige Post in Wustrow ist Sitz der Kurverwaltung (s. S. 24)

Zur Seefahrt geboren – Fischland-Darß-Zingst unter Segeln

Bereits im Mittelalter befuhren die Menschen zwischen Dierhagen 1 und Zingst 18 auf kleiner Fahrt Bodden und Ostsee und verdienten sich durch Fischerei und kleinere Transporte entlang der Küste ein bescheidenes Einkommen. Die Hansestädte gingen gegen die von ihnen als Klipphäfen beschimpften Orte wie Wustrow 2 rigoros vor, indem sie in den 1390er-Jahren die schmalen Fahrrinnen zwischen Ostsee und Bodden zuschütten ließen. Im Winter flitzte man mit Kufen unter den kleinen Seglern über das Eis nach Ribnitz 28.

Das 19. Jh. stand auf der gesamten Halbinsel ganz im Zeichen der Segelschifffahrt. Die Ehemänner und Söhne – viele gingen bereits mit 15 Jahren erstmals auf Reisen – wurden überall als erfahrene Seefahrer geschätzt. „Die Darßer und Zingster sind geborene Seeleute. Ihre Kühnheit und Gewandtheit auf dem Meere hat sich zu allen Zeiten bewährt …“, so schrieb schon 1819 Hauptmann August von Wehrs an seinen schwedischen Dienstherrn. Sie heuerten u. a. auf britischen Seglern an oder befuhren als Kapitäne (Schiffer) die Weltmeere auf ihren eigenen Schiffen. Selbst die Ehefrauen gingen gelegentlich mit auf große Fahrt ins Mittelmeer oder bis nach Südamerika. Werften entstanden u. a. in Ribnitz und Barth 23. In Rostock machten regelmäßig bis zu 300 Segler von der Halbinsel fest.

Besonders **Wustrow,** zeitweise Heimathafen von mehr als 200 Schiffen, profitierte vom Boom. Man investierte in den Schiffbau und verdiente viel Geld als Teilhaber einer Partenreederei. Bei dieser Art von Schifffahrtsgesellschaft beteiligten sich u. a. Familienmitglieder am Bau des Schiffes und an der Finanzierung der Reisen. Damit erwarb man einen „Part“ (Anteil) am Gewinn des Unternehmens – manchmal bis zu 250 % des Einsatzes –, trug aber auch anteilig Verluste.

Im Winter, wenn Eis die Schifffahrt ruhen ließ, unterrichteten erfahrene Kapitäne die Jungen in Seemannschaft und Navigation – und das so erfolg-

047fd-tm

reich, dass 1846 in Wustrow die **Großherzogliche Mecklenburgische Navigationsschule** gegründet wurde. Die Schüler von weither nahmen bei Wustrower Familien Quartier. Während der Prüfungszeit fieberte das ganze Fischland mit „seinen" Schülern mit, insbesondere die Töchter. Mit den Gewinnen aus der Seefahrt bauten viele Kapitäne größere Häuser, die auch der Unterbringung von Sommergästen dienten und einen wichtigen Zuverdienst darstellten.

Die Entwicklung der Dampfschiffe oder „Stinkbüdels" bedeutete den Niedergang der Partenreedereien, denn der Erwerb eines solchen „Füerfräters" war zu kostspielig. Der Seehandel verlagerte sich mit der Reichsgründung 1871 großenteils an die Nordsee. Viele Familien folgten der Arbeit und siedelten um. 1944 endete zunächst auch der Lehrbetrieb der Seefahrtsschule in Wustrow. 1949 erfolgte die Neugründung und wieder zog es Hunderte junger Männer nach Wustrow, die hier in Schiffsführung und Schiffstechnik oder als Funker ausgebildet wurden. Die Ingenieurhochschule für Seefahrt Warnemünde/Wustrow, die als erste Hochschule für zivile Schiffsoffiziere und Kapitäne im gesamten deutschsprachigen Raum galt, wurde 1991 geschlossen. Rund 8000 Studenten wurden in fast 40 Jahren zu Offizieren und Kapitänen ausgebildet. Heute erinnern nur noch die Zeesboote auf den Bodden an die lange Seefahrtstradition zwischen Dierhagen und Zingst.

Immer hart am Wind: elegante Zeesboote auf dem Bodden

Die Gebäude entlang der **Ernst-Thälmann-Straße** entstanden überwiegend erst nach einem Großbrand 1869. Heute logieren darin zahlreiche **kleine Geschäfte und Lokale.** An der einzigen Ampel des Ortes zweigt nach Westen die Strandstraße ab. Beiderseits dieser mit Linden gesäumten Allee stehen noch einige der hübschen Kapitänshäuser. Massiv und mit Dachgaube gebaut, verdeutlichten sie den Wohlstand der Schifferfamilien. Hier bestehen etliche Möglichkeiten, seinen Hunger oder Durst zu stillen.

Kurz bevor man den Strand erreicht, fällt der Blick auf die **alte Seenotstation** von 1812. Daneben erstreckt sich ein Piratenspielplatz. Von dort sind es nur wenige Meter bis zum **Strand.** Dieser ist gerade in den Sommermonaten Hauptanziehungspunkt für Urlauber. Und natürlich ebenso die **Seebrücke.** Der 50 m lange Vorgängerbau aus dem Jahr 1886 hielt den schweren Stürmen und dem Eisgang Mitte des vergangenen Jahrhunderts nicht stand und verfiel mit der Zeit. 1993 wurde die neue, nun 240 m lange Seebrücke errichtet. Vor der Brücke erinnert die **Sandsteinskulptur Swantevit** von Christine Dewerny aus dem Jahr 2000 an die frühe Geschichte des Ortes.

Wie überall auf der Halbinsel setzte der **Badetourismus** Mitte des 19. Jh. hier zunächst zaghaft ein. Nach dem Niedergang der Segelschifffahrt waren Badegäste jedoch gern gesehen, sicherten sie doch den Wustrowern ein gewisses Einkommen. Mit dem Ende des Zweiten Weltkriegs entwickelte sich der Fremdenverkehr dann rasant weiter. Vor allem in den vergangenen 30 Jahren entstanden zahlreiche neue Unterkünfte. Auch in den alten Mauern der **ehemaligen Navi-**

KURZ & KNAPP

Windrad Wustrow

Windkraft spielt an der Küste eine große Rolle. Rund 2000 Anlagen stehen bereits in Mecklenburg-Vorpommern. Das Windrad am **Wustrower Ortseingang** wirkt im Vergleich zu den heutigen modernen Anlagen ein wenig wie aus der Zeit gefallen. Kein Wunder, steht es doch schon über 30 Jahre dort. Die Entstehung des **ersten und einzigen kommerziellen Windrads der DDR** ist eine spannende Geschichte. Sie beginnt damit, dass der Leiter des VEB Holzhandel in Rostock eine effiziente Energieerzeugungsmethode suchte, um im großen Stil zugeschnittenes Holz für den Export zu trocknen. Die bis dahin übliche Wärmeerzeugung mit Braunkohle war teuer und schmutzig. Ein Bericht des westdeutschen NDR-Fernsehens über Windenergie regte ihn an, im Kreis Rostock nach geeigneten Orten zu suchen. Zusammen mit dem Energiekombinat wurde Wustrow schnell als idealer Standort ausgemacht. Die Beschaffung einer Windkraftanlage erwies sich jedoch als schwierig. Diese musste in Dänemark, also im kapitalistischen Ausland, erworben werden. Auf der Leipziger Messe wurde mit einem Quäntchen List und Tücke sowie der Hilfe eines Hamburger Holzhändlers die offizielle Außenwirtschaftsbürokratie umgangen und das gewünschte Windrad erworben. Am 12. Oktober 1989 berichtete die DDR-Nachrichtensendung „Aktuelle Kamera" mit Stolz von der Inbetriebnahme der Anlage. Nach der Wiedervereinigung wurde das Rad für den Nachfolger des Holzkombinats uninteressant und an den ehemaligen Leiter und Initiator Klaus-Jürgen Beel verkauft. Ihm gehört es noch heute und wird wohl, laut Experten, noch weitere 30 Jahre Wind in bare Münze umwandeln.

gationsschule (s. S. 21) finden sich nun exklusive Ferienappartements und komfortable Zweitwohnsitze. Ein Vierteljahrhundert stand dieser riesige Bau am südlichen Ortseingang leer. 2016 begannen die Umbauarbeiten des in Teilen denkmalgeschützten Gebäudes. Nur wenig erinnert hier heute an die fast 150-jährige Tradition der Navigationsschule.

› **Fischlandhaus** <006> Neue Str. 38, Tel. 038220 80465, geöffnet: Bibliothek/Galerie während der Ausstellungsperioden Mo./Di. 10–12 und 14–17, Do. 10–12 und 14–18 Uhr, Fr.–So. 11–16 Uhr, Eintritt frei (außer bei Kunstausstellungen)

› **Kunstscheune Barnstorf** <007> Barnstorf 1, Hufe IV, Tel. 038220 201, www.kunstscheune-barnstorf.de, geöffnet: Pfingsten–Mitte Okt. tgl. 10–13 und 15–18 Uhr, Ostern/Weihnachten tgl. 11–17 Uhr, Eintritt frei

3 Kirche Wustrow ★★ [B4]

Besonders sehenswert ist die nach vierjähriger Bauzeit am 14. September 1873 eingeweihte Kirche, die im **neugotischen Stil** nach Plänen von Theodor Krüger erbaut wurde. Bereits 1166–1190 entstand hier eine erste Holzkirche, die 200 Jahre später vom Ribnitzer Klarissenkloster durch einen Neubau ersetzt wurde. Diese dreischiffige Feldsteinkirche musste schließlich 1869 dem heutigen **Backsteinbau** weichen.

Ein **Aufstieg auf den Turm** mit seiner in 18 m Höhe umlaufenden Galerie und dem achtseitigen Spitzhelm lohnt sich, da man mit einer **wunderschönen Aussicht** belohnt wird. Der mecklenburgische Großherzog persönlich regte wohl den Bau des offenen Umgangs an, damit die Schüler der 1846 gegründeten Navigationsschule (s. S. 21) hier oben die

Handhabung der nautischen Instrumente üben konnten. Der Turm diente zudem Fischern und Seeleuten als wichtige Landmarke.

Im Inneren der kreuzförmigen Kirche fallen besonders **drei Schiffsmodelle** auf. Heimatverbundene Seeleute wollten mit diesen Nachbauten ihrer Schiffe dem Schöpfer dafür danken, dass er sie in all den Jahren auf See vor Schiffbruch bewahrt hatte. Zu sehen sind die „Hoffnung" (Kirchenschiff) und die „Deo Gloria" (Nordempore) des Kapitäns Saeger, die Mitte des 19. Jh. entstanden. Jüngeren Datums ist die „Christiana" (Südempore), eine Arbeit des Dierhäger Fischers Emil Otto.

Das aus Kalkstein gefertigte gotische **Taufbecken** aus dem 14. Jh. ist kunstvoll mit Lilien verziert. Die ungewöhnliche Größe dieses in Norddeutschland oft Fünte genannten Beckens erklärt sich aus der Tatsache, dass es im Mittelalter noch üblich war, Kinder dreimal vollständig unter Wasser zu tauchen. 1971 wurde die Orgel der Dresdner Firma Jehmlich mit 986 Pfeifen eingebaut. Ihrem Klang kann man bei **Konzerten** oder beim Gottesdienst lauschen. Seit 2016 besteht ein **barrierefreier Zugang** zur Kirche.

› Hafenstr. 2, Tel. 038220 338, geöffnet: Kirche Juni–Sept. Mo.–Sa. 11–15 Uhr, Aussichtsturm in der Regel April–Dez. mindestens 11–16 Uhr, Änderungen möglich, Eintritt Turm: Erw. 1,50 €, Kinder 1 €

Infos und Reisetipps

› **Parken:** Gebührenpflichtige Parkplätze sind am Hafen, an der Strandstraße kurz vor der Seebrücke und an den Strandübergängen 15 und 19 (für Strandbesucher) vorhanden. Es gibt eine günstige Tagespauschale. Das Tagesticket kann bei Parkplatzwechsel innerhalb des Ortes weiterverwendet werden.

Mein Tipp

Leckerer Räucherfisch im Boddenhafen

Der Räucherfischimbiss von Familie Dabels ist eine **Wustrower Institution.** Direkt am Hafenbecken des Boddenhafens gelegen, wird der Ofen jeden Morgen frisch bestückt. Der Duft lockt die ersten Hungrigen bereits an, bevor um 12 Uhr der erste Räucherfisch zum Verkauf bereit ist. Mit Brot oder Kartoffelsalat und einem Getränk dazu kann man sich an den urigen **Holztischen** niederlassen oder den gekauften Fisch zu Hause genießen.

› **Räucherfischimbiss P. Dabels** <008> Am Hafen, Wustrow, geöffnet: mind. April–Okt. tgl. 12–ca. 17 Uhr, im Sommer auch länger

019fd-tm

Aal, Heilbutt, Makrele und Lachs kommen frisch aus dem Räucherofen auf den Teller

› **Kurverwaltung Ostseebad Wustrow** <009> im Haus des Gastes, Ernst-Thälmann-Str. 11, Tel. 038220 251, www.ostseebad-wustrow.de (unter „Kunst entdecken"/„Haus des Gastes"), geöffnet: April.-Okt. Mo.-Fr. 10-17, Sa./So. 10-13 Uhr, Nov.-März Mo.-Fr. 10-12 und 13-16 Uhr. Im Gebäude der Kaiserlichen Post bietet die Kurverwaltung touristische Auskünfte, eine Zimmervermittlung und Räume für Ausstellungen und Veranstaltungen an.

Essen und Trinken

› **Reise Reise Café** <010> Ernst-Thälmann-Str. 22, Tel. 038220 82137, www.reisereise-wustrow.de, geöffnet: ganzjährig meist mind. 12-17 Uhr, Ruhetage online einsehbar. Einladendes Café mit schönen Plätzen im Garten. Es gibt hausgebackene Kuchen und Torten sowie kleine herzhafte Gerichte je nach Saison. Im Café wird auch Kunst ausgestellt.

020fd-tm

› **Restaurant im Hotelschiff Stinne** €€ (s. S. 128), geöffnet: variabel, meist April-Okt. Di.-Sa. 17-20.30 Uhr. Kleines, uriges Lokal mit deftiger regionaler Küche und besonderer Atmosphäre als Teil eines alten Segelschiffs. Reservierung empfohlen.

› **Restaurant Schifferwiege** €€ <011> Karl-Marx-Str. 30, Tel. 038220 80336, www.pension-schifferwiege.de/restaurant, geöffnet: tgl. 12-22 Uhr, Nov.-März eingeschränkte Öffnungszeiten. Etwas versteckt liegt dieses Fischrestaurant mit langer Tradition. Auch wer keinen Fisch liebt, kommt hier auf seine Kosten. Im Sommer laden zudem Plätze auf der Terrasse im Garten ein.

Einkaufen

› **Rosine by Schimmels** <012> Parkstr. 1, Tel. 038220 66500, www.schimmels.de/rosine, geöffnet: April-Okt. Mo.-Sa. 10-18, So. 13-18 Uhr, Nov.-März Mo.-Sa. 11-17 Uhr. Es gibt Delikatessen aus Italien und Spanien, Weine, Gewürze, Schokolade und Wohnaccessoires aus Skandinavien. Eine gute Gelegenheit zum Stöbern und Genießen.

Kino

› **Sommerkino Ostseebad Wustrow** <013> Strandstr. 53 a, Tel. 038220 80196, https://sommerkinowustrow.com, geöffnet: Mai-Sept. erster Film 11 oder 13 Uhr (Kinderfilm 5 €), letzter Film 20 Uhr (Kinofilm 6,50 €). Eines der wenigen erhaltenen Zeltkinos steht in Wustrow nahe der Seebrücke. Das Programm wird im Ort plakatiert und auf der Homepage sowie der Facebookseite veröffentlicht. Dazu gehört ein ganzjährig geöffneter Kiosk mit Imbissangebot. Im Sommer Aufführungen des Ostseekaspers.

Ohne Seegang übernachtet man in den Kajüten der Stinne (s. S. 128)

100fd-tm

4 Ostseebad Ahrenshoop ★★★ [B4]

Seit nahezu 130 Jahren ist Ahrenshoop nun schon Treffpunkt und Inspiration vieler Maler und anderer Berühmtheiten. Sogar Einstein verbrachte mehrere Sommer hier. Galerien und Künstlerwerkstätten prägen den Ort bis heute.

Ahrenshoop ist im wahrsten Sinne des Wortes ein Grenzfall: **halb Fischland, halb Darß** – mitten durch den Ort verläuft die Grenze. Von Süden kommend, durchfährt man zunächst die 1950 eingemeindeten Ortsteile Alt- und Niehagen, die noch zum Fischland gehören. Doch gleich hinter dem Supermarkt zweigt links der **Grenzweg** ab: Hier endet bis heute nicht nur das Fischland und beginnt der Darß, die Straße markierte auch lange Zeit die Grenze zwischen Mecklenburg und Pommern.

Eingeklemmt auf diesem schmalen Stückchen Land, zwischen weißen Dünen auf der einen und dem Bodden auf der anderen Seite, war das 1311 erstmals erwähnte „Arneshop" zunächst nur ein **Heringsfangplatz**, eine **Vitte.** Diese befand sich in der Nähe des Loop. Noch im späten 17. Jh. verzeichneten Landkarten lediglich die Wohnstätten eines Fährmanns und des Heidereiters, des berittenen Försters. Ahrenshoop war im 18. und 19. Jh. nicht mehr als eine Ansammlung kleiner, ärmlicher Fischerhäuser mit wenigen von Stürmen zerzausten Bäumen. Gerade die begüterten Wustrower blickten daher – ob seiner Abgeschiedenheit inmitten endlos wirkender Sandwüsten – mitleidig auf das *powerdörp* („arme Dorf") herab.

Diese Ursprünglichkeit war es jedoch, die Ende des 19. Jh. **Künstler** magisch in den Bann zog, die weitab allen Trubels ihrer Leidenschaft nachgehen wollten. Sie hatten auch gar kein Interesse daran, dass Ahrenshoop, ähnlich wie Prerow 13, zu einem beliebten Badeort werde. Landschaftsmaler wie **Paul Müller-Kaempff** (s. S. 29) begründeten damit den Ruf Ahrenshoops als **Künstlerkolonie,** der heute das Image des Ortes prägt. Von den Einheimischen wurden die Maler zunächst argwöhnisch beobachtet. Man gewöhnte sich aber schnell daran, dass hinter jedem Busch und auf jeder Düne ein Freiluftmaler vor seiner Staffelei hockte.

⌃ *Die Bunte Stube 6 ist Blickfang, Treffpunkt und Ort zum Stöbern sowie Shoppen*

Dem zunehmenden **Badetourismus** konnten die Maler aber letztlich keinen Einhalt bieten. Mit Beginn des 20. Jh. nahmen immer mehr sonnenhungrige Badegäste in Ahrenshoop Quartier und der Ort wurde Ziel umtriebiger Bodenspekulanten. Vor allem ab den 1950er-Jahren wurde er staatlicherseits gezielt als Ferienort ausgebaut. Auch die Kulturschaffenden der DDR sahen Ahrenshoop als Ort der Inspiration und setzten so mehr oder weniger die Tradition der Künstlerkolonie fort. Viele **DDR-Künstler** ließen sich nahe der Steilküste **Sommerhäuser** errichten. Die kleine Anhöhe ist auch heute noch als **„Millionenhügel"** bekannt. Besonders entlang der Dorfstraße, die von Nord nach Süd durch den Ort führt, entstanden zahlreiche Hotels, Pensionen, Restaurants und Geschäfte. Viele der **rohrgedeckten Häuser**, die im östlichen Teil des Ortes noch etwas vom Charme alter Zeiten versprühen, werden heute als **Ferienunterkünfte** vermietet. Eine moderne Interpretation des Reetdachs findet man direkt an der Dorfstraße, ca. 150 m nördlich des Strandwegs. Der Bauherr wünschte eine Art Wohnskulptur, die sich an organischen Formen orientieren sollte, fast kugelrund und komplett mit Rohr verkleidet. Viele Experten hielten dies für unmöglich. Nur ein Darßer Dachdecker sah darin eine Herausforderung und zeigte, dass sein traditionelles Handwerk Bestandteil moderner, außergewöhnlicher Architektur sein kann.

Bummelt man heute durch den Ort, trifft man überall auf **Künstlerateliers, Galerien** und kleine **Ausstellungsorte**, darunter das viel beachtete Kunstmuseum 5. Am Ende des zur Ostsee führenden Grenzwegs gibt es eine kleine **Aussichtsplattform.** Zwei Querstraßen weiter entdeckt man, leicht nach hinten versetzt, die **Alte Schule**, die heute eine Galerie (s. S. 27) beherbergt. Etwas versteckt dahinter steht das Veranstaltungshaus **Strandhalle.**

An der Ecke Strandweg gelegen und kaum zu übersehen ist die **Bunte Stube** 6. Auf dem Nachbargrundstück fällt der **Kunstkaten** mit seinen leuchtend blauen Wänden ins Auge. Auf der östlichen Seite der Dorfstraße stehen mehrere sogenannte Künstlerhäuser. Erwähnenswert ist das **Haus Lukas**, benannt nach dem Schutzpatron der Maler, das der Begründer der Künstlerkolonie Müller-Kaempff 1894 erbauen ließ. Es diente als Pensions- und Atelierhaus für

022fd-tm

seine Malschüler. Auch heute leben und arbeiten hier Künstler aus ganz Europa, deren Aufenthalte zum Teil durch Stipendien ermöglicht werden. Neben den Bildenden Künsten werden ferner Tanz, Komposition und Literatur gefördert. An jedem letzten Sonntag des Monats haben Gäste im Rahmen eines **„Tags der offenen Tür“** die Möglichkeit, mit den Stipendiaten ins Gespräch zu kommen und sich deren Arbeiten anzusehen.

Ebenfalls auf der Boddenseite erhebt sich die **Schifferkirche** 7. Die einst eigenständigen Ortsteile **Alt- und Niehagen** im Süden haben viel von ihrem dörflichen Charakter bewahrt. Im Gegensatz zu Wustrow 2 und Ahrenshoop waren es jedoch deutsche Gründungen: Es handelt sich um Rodungsdörfer niedersächsischer Kolonisten. Besonders hübsch ist der **Hafen von Althagen.** Hier kann man zu einer **Ausfahrt mit einem Zeesboot** (s. S. 66) starten oder lässt sich frisch geräucherten Fisch schmecken. An jedem dritten Sonntag im September treffen sich hier zahlreiche Zeesboote zur **Althäger Fischerregatta** (s. S. 98).

› **Galerie Alte Schule** <014> Dorfstr. 16, Tel. 038220 66330, www.galerie-alte-schule-ahrenshoop.de, geöffnet: nach tel. Vereinbarung. Im historischen Schulgebäude gibt es seit 2006 Kunstausstellungen mit Werken der zeitgenössischen Kunst und aus der Künstlerkolonie Ahrenshoop. Die Galerie ist Gastgeber der Ahrenshooper Kunstauktionen.

023fd-tm

Eine ausgefallene Architektur prägt das Kunstmuseum Ahrenshoop

Fischerboote liegen zwischen den Sonnenbadenden am Strand

5 Kunstmuseum Ahrenshoop ★★★ [B4]

In den vergangenen 125 Jahren entstanden in Ahrenshoop zahllose **Bilder mit Bezügen zur Region.** Diese Kunstwerke verschiedenster Epochen haben hier erstmals einen gemeinsamen Präsentationsort gefunden. Das 2013 eröffnete Kunstmuseum besteht aus **fünf kubischen Gebäuden,** die durch flache Übergänge miteinander verbunden sind. Das äußere Erscheinungsbild dieser Gebäudegruppe erinnert an die traditionelle Bauweise der reetgedeckten Bauernkaten, die in den Dorflagen oft eng beieinanderstanden. Geschickt werden moderne Materialien, wie die aus Messing bestehende Fassade, mit historischen Stilen kombiniert. Auf rund 1300 m² werden in **Dauer- und Wechselausstellungen** vorwiegend Werke der mit Ahrenshoop verbundenen Künstler gezeigt. Zur Sammlung zählen über 800 Gemälde, Zeichnungen und Skulpturen.

› Weg zum Hohen Ufer 36, Tel. 038220 66790, www.kunstmuseum-ahrenshoop.de, geöffnet: April–Okt. Di.–So. 11–18 Uhr, Nov.–März Di.–So. 10–17 Uhr, Eintritt: Erw. 10 €, Kinder ab 7 Jahren 4 €

6 Bunte Stube und Kunstkaten ★★★ [B4]

Der Rostocker Bauhausarchitekt **Walter Butzek** (1886–1965) schuf Ende der 1920er-Jahre diesen nach wie vor auffälligen rot-weißen Bau mit seinem **Türmchen**, das an einen umgedrehten Chapeau-Claque-Zylinder erinnert. Schnell entwickelte sich die **Bunte Stube** zum **kulturellen Mittelpunkt des Ortes.** Neben dem Verkauf von Kurzwaren und Kunstgewerbe fand man hier zeitweise ein Schneideratelier sowie einen Frisörsalon und konnte Modenschauen sowie Ausstellungen besuchen. Das Geschäft, seit mehr als 100 Jahren im Besitz von Familie Wegscheider, lädt zum Stöbern ein: Bücher, Postkarten, Keramik, hochwertige Strickwaren und von der Landschaft inspirierter Schmuck werden angeboten.

Der danebenstehende **Kunstkaten** entstand 1909 im traditionellen Fischlandstil. Das **blaugetünchte Haus** mit dem **Rohrdach** und der bunten Tür sollte damals auch andere Bauherren dazu anregen, der „Verschandelung" von Ahrenshoop durch moderne Bauten entgegenzuwirken. Die Idee zu diesem **„Haus für heimische Kunst und Kunstgewerbe"** kam vom Maler Paul Müller-Kaempff (s. S. 29), der damit eine Begegnungsstätte für Künstler und Käufer schaffen wollte. Mit dem Ersten Weltkrieg und dem Ende der Künstlerkolonie schloss auch der Kunstkaten seine Türen. Erst 1946 konnten Interessierte wieder Ausstellungen besuchen. Nach einem Brand 1974 wurde drei Jahre später der neue Kunstkaten eröffnet. Dieser bietet nun das ganze Jahr über diverse **Ausstellungen**, wobei oft der Mensch und seine Beziehung Meer und Landschaft im Fokus steht. Daneben werden **Vorträge und Konzerte** veranstaltet.

› **Bunte Stube,** Dorfstr. 24, Tel. 038220 238, www.bunte-stube.de, geöffnet: Feb.–April Di.–Sa. 10–17 Uhr, Mai–Okt. Mo.–Sa. 10–18 Uhr (Sept./Okt. Mo. Ruhetag), Nov.–Dez. Mi.–Sa. 11–17 Uhr

› **Kunstkaten,** Strandweg 1, Tel. 038220 80308, www.ostseebad-ahrenshoop.de/kunstkaten/galerie, geöffnet: Di.–So. 10–13 und 14–18 Uhr, Nov.–März nur bis 16 Uhr, Eintritt: 1 € (Tageskurtaxe vorausgesetzt), Kinder bis 18 Jahre frei

MEIN TIPP

Kaffeemühle Ahrenshoop

Ein bisschen versteckt in Richtung Bodden steht die liebevoll hergerichtete Mühle von Stefan und Sylvia Köppke. In ihrem **Schweden-Café** mit **Blick über die Wiesen** kredenzen sie frisch gebackenen Kuchen und hausgemachte herzhafte Gerichte. Im ehemaligen Mahlwerk sind der Nachlass des Malers Theodor Schultze-Jasmer und wechselnde **Ausstellungen** zu sehen.

› **Kaffeemühle** <015> Feldweg 7, Ahrenshoop, Tel. 038220 668343, www.muehle-ahrenshoop.com, geöffnet: tgl. meist 11–17.30 Uhr, Öffnungszeiten im Winter sind auf der Website zu finden

024fd-tm

Ahrenshooper Künstler

Die Liste der Künstler, die Ahrenshoop 4 besuchten oder hier lebten, ist lang. Eine kleine Auswahl stellt einige interessante Gäste und Bewohner vor:

- **Elisabeth von Eicken** (1862–1940) kam 1894 nach Ahrenshoop und ließ dort ein Künstlerhaus errichten, welches noch heute erhalten ist. Sie lebte überwiegend in Berlin, wurde jedoch auf dem Ahrenshooper Friedhof bestattet. Sie malte Landschaften, engagierte sich aber auch im Kunstgewerbe und war Mitglied in bedeutenden Kunstvereinigungen.
- **Fritz Koch-Gotha** (1877–1956) und seine Frau **Dora Koch-Stetter** (1881–1968) zogen 1944 nach Althagen, wo sie ab 1927 ein Ferienhaus besaßen. Der Illustrator und Zeichner blieb vor allem durch das Kinderbuch „Häschenschule" im Gedächtnis. Er illustrierte aber auch Bücher für Käthe Miethe und lieferte Karikaturen für den Vorgänger des Eulenspiegel-Magazins. Dora Koch-Stetter war eine der bedeutendsten Landschafts- und Porträtmalerinnen der Künstlerkolonie und der klassischen Moderne verhaftet. Ihr Werk ist noch nicht gut aufgearbeitet, viele ihrer Bilder gingen im Zweiten Weltkrieg verloren.
- **Paul Müller-Kaempff** (1861–1941) entstammte einer gut situierten Oldenburger Familie und studierte an den großen Kunstakademien in Düsseldorf, Karlsruhe und Berlin. Er entdeckte Ahrenshoop 1889 bei einem Spaziergang und schätzte es als einen Gegenentwurf zu seinem bürgerlichen Leben. Die Einfachheit und die Farben inspirierten ihn zu etlichen Landschaftsgemälden.
- **Alfred Partikel** (1888–1945) kam ab 1921 regelmäßig nach Ahrenshoop. Das Mitglied der Freien Secession und des Deutschen Künstlerbundes zog sich gern in sein Haus hier zurück, besonders als im Dritten Reich viele seiner Arbeiten als „entartet" eingestuft wurden. Er gilt als einer der bedeutendsten Maler ostpreußischer Landschaften. Am 20. Oktober 1945 verschwand er beim Pilzesammeln im Ahrenshooper Holz und gilt seitdem als verschollen.

7 Schifferkirche Ahrenshoop ★★★ [B4]

Die kleine Kirche entstand erst 1951 und ist damit das **jüngste Gotteshaus** auf der Halbinsel. Die vom Architekten **Hardt-Waltherr Hämer** konzipierte Kirche erinnert in ihrer Form an ein kieloben liegendes Schiff. Der Eindruck eines **Bootsrumpfes** wird durch die sechs Rippen der Wände verstärkt, die an Spanten erinnern und auch außen sichtbar sind. Da kirchliche Neubauten in der noch jungen DDR grundsätzlich nicht mit Fachkräften oder Material unterstützt wurden, entstand diese Kirche mit viel Eigeninitiative und Spenden aus der BRD. Trotzdem musste gespart werden. Die Marmorplatte des Altars diente zuvor Hämers Vater als Schreibtisch. Die Taufschale, eine Schüssel aus Messing, brachte seine Mutter einst aus Russland mit. Der hölzerne Unterbau des Beckens, die Altarrückwand und die Kanzel wurden von der ortsansässigen Bildhau-

024fd-tm

erin **Doris Oberländer** aus dem Holz einer Pappel geschnitzt, die dem Bau weichen musste.

Der Boden im Inneren ist mit Ziegelsteinen gepflastert. An die Seefahrertradition erinnern **vier Votivschiffe,** die über den Köpfen der Besucher schweben. Die Modelle symbolisieren die drei Tugenden Glaube, Liebe, Hoffnung und den Frieden. Gebaut wurden sie in den 1950er-Jahren vom Ahrenshooper Kapitän Heinrich Voss. 2019 wurde die Fassade mit Trockeneiskristallen gesäubert. So kommt die natürliche Maserung des Holzes wieder besser zur Geltung.

› Paetowweg, geöffnet: Juni–Sept. Di.–So. 10–18 Uhr, Okt.–Mai Do.–So. 10–16 Uhr

Infos und Reisetipps

› **Parken:** Parken ist im Ortsbereich nur in begrenztem Umfang möglich. Entlang der Straße gibt es Kurzzeitparkplätze (max. 30 Min. mit Parkscheibe). Im Zentrum beim Supermarkt und beim Kunstmuseum 5 sind größere, gebührenpflichtige Parkplätze vorhanden. Strandparkplätze finden sich entlang der Bäderstraße zwischen der Rehaklinik und dem Eingang zum Nationalpark.

› **Kurverwaltung Ahrenshoop** <016> Kirchnersgang 2, Tel. 038220 666610, www.ostseebad-ahrenshoop.de (unter „Service“/„Kurverwaltung“), geöffnet: Mitte Juni–Mitte Sept. Mo.–Fr. 10–18, Sa./So. 10–15 Uhr, April–Mitte Juni und Mitte Sept–Okt. Mo.–Fr. 10–17, Sa. 10–15 Uhr, Nov.–März Mo.–Fr. 10–16, Sa. 10–15 Uhr. Die in Strandnähe gelegene Informationsstelle bietet auch eine Zimmervermittlung und einen Kartenverkauf für Veranstaltungen im Ort an. Mit WLAN-Hotspot.

› **Kreativkurse:** Es werden regelmäßig Kurse und Workshops bei Künstlern angeboten, so z. B. Malerei, Töpfern und kreatives Schreiben. Infos und Veranstaltungskalender unter www.ostseebad-ahrenshoop.de/aktivitaeten/kunst-erleben/selbst-kreativ-werden.

Essen und Trinken

› **Bäckerei Hagedorn** <017> Dorfstr. 37, Tel. 038220 80641, www.baeckerei-hagedorn.de, geöffnet: Di.–Sa. 6.30–17 Uhr. Der Autorenfavorit. Die Auswahl an Brot, Brötchen und vor allem Kuchen ist groß und alles wird nach traditionellen Rezepten in der Familienbäckerei hergestellt. Man sitzt gemütlich draußen im Garten um einen kleinen Teich herum.

› **Räucherhaus** €-€€ <018> im Hafen Althagen, Hafenweg 6, Tel. 038220 6946, www.raeucherhaus.com, geöffnet: tgl. 12–20 Uhr. Die Anlaufstelle für Fisch im idyllischen Althäger Hafen. Das Selbstbedienungsrestaurant bietet eine umfangreiche Speisenauswahl von kleinen und großen Gerichten, auch ohne Fisch, an. Familie Schönthier betreibt zudem einen Räucherfischimbiss neben dem Restau-

Das Ahrenshooper Gotteshaus erinnert an einen Schiffsrumpf

rant, eine kleine Brauerei im Hafen und einen Fischimbiss auf dem Parkplatz im Ahrenshooper Zentrum.

› **Restaurant Zum Strandläufer** €€ <019> Dorfstr. 31, Tel. 038220 669906, www.restaurant-zum-strandlaeufer.de, geöffnet: tgl. 12–22 Uhr. Das gegenüber der Bunten Stube gelegene Lokal mit schöner Terrasse serviert modern interpretierte Gerichte mit regionalen Zutaten und asiatischer Note. Es gibt viele vegane Optionen und eine umfangreiche Kinderkarte. Im Gastraum wird Kunst ausgestellt.

Einkaufen

› **mehr Räucherhaus Shop,** nahe dem Räucherhaus (s. S. 30), Tel. 038220 663345, www.raeucherhaus.com/Shop-mehr-Raeucherhaus, geöffnet: Mo.–Sa. 10–17 Uhr. Kleines Geschäft als Ableger des Räucherhauses im Althäger Hafen. Hier kann man das Bier der Fischland Brauerei kaufen und in einer Auswahl an handgemachten und besonderen Dingen (Kleidung, Accessoires, Marmeladen etc.) für zu Hause stöbern.

› **Uta Löber Keramik** <020> Althäger Str. 70, Tel. 038220 295, geöffnet: tgl. 11–17 Uhr. Die Familie Löber gehört zu den alteingesessenen Kunsthandwerkern in Ahrenshoop. Uta Löber bietet Gebrauchskeramik mit maritimen Motiven, hauptsächlich Fischen, in Blau-Weiß-Grau an.

Nachtleben

› **Cocktail-Bar Tute** <021> im Hotel Der Fischländer, Dorfstr. 47 b, Tel. 038220 6950, geöffnet: Fr./Sa. ab 21 Uhr. Bar mit lockerer Atmosphäre und nur eine kurze Distanz vom Strand entfernt. Die Tute ist ein Ahrenshooper Kultladen. Bei Cocktails und häufig auch Livemusik kann man den Abend gut ausklingen lassen.

Strände

Entlang der gesamten **Ostseeküste** des Fischlands erstreckt sich ein langer, feiner **Sandstrand.** Von Dierhagen ❶ bis Wustrow ❷ ist er noch sehr breit. Dann beginnt die **Steilküste,** an deren Fuß er zum Teil recht schmal ist. Der Zugang ist dort auch nur an wenigen Stellen möglich, wobei einige Abschnitte wegen **Abbruchgefahr** auch mal gesperrt sein können. In Ahrenshoop ❹ und weiter in Richtung Norden ist der Strand wieder breit und flach.

Nahe den Hauptorten sind die Strände meist recht voll. Doch schon wenige Gehminuten entfernt findet man ruhigere Plätzchen. In den Ortslagen sind die Strände zudem **bewacht** und in regelmäßigen Abständen mit **Toiletten** ausgestattet. An den Hauptzugängen befinden sich **Restaurants, Imbisse und Strandkorbvermieter.** In Ahrenshoop gibt es einen großen Wellenbrecher, in dessen Rücken es sich herrlich planschen lässt. Gebührenpflichtige **Parkplätze** für Strandbesucher sind u. a. außerorts entlang der Straße vorhanden. Das Wasser ist **seicht** und es wird nur langsam tiefer. Die **Blaue Flagge** als Gütezeichen wurde Dierhagen, Wustrow und Ahrenshoop verliehen.

Surfer bevorzugen den Strand kurz vor Wustrow auf Höhe des Übergangs zum Fischland. Dort ist auch eine Surfschule ansässig. Auch in Dierhagen fühlen sich Surfer wohl. Auf der Boddenseite befindet sich ein gutes Kite- und Stehrevier, während Windsurfer den Strand bevorzugen.

An der **Boddenseite** ist das Baden überwiegend nicht möglich. In Wustrow gibt es im Ortsteil Barnstorf [B5] einen kleinen Grasstrand, den auch Surfer und Kiter nutzen.

Darß

Der Darß ist der **breite, nordwestliche Teil der Halbinsel.** Aufgrund seiner geologischen Entwicklung wird er in **drei Gebiete** unterteilt. Der südöstliche Rand des Waldes und das vorgelagerte Weideland einschließlich der beiden ruhigen Boddendörfer Born 8 und Wieck 12 wird als **Altdarß** bezeichnet. Als vor ca. 7000 Jahren der Meeresspiegel stieg, wurden tiefer liegende Bereiche überflutet und einzig der Altdarß ragte als flache Insel aus dem Wasser.

Im Laufe der Jahrtausende transportierten Wind und Wellen neues Material an seine Küste. So entstand durch Anlandung vor etwa 3000 Jahren der **Neudarß.** Ganz im Norden, beim Darßer Ort 17, kann man erleben, wie die Halbinsel beständig – rund acht Meter pro Jahr – in die Ostsee wächst. Der Neudarß liegt tiefer und bildet den Nordwesten des Darß, wozu u.a. der Weststrand und das Ostseebad Prerow 13 gehören. Die Grenze in Form des 6–8 m hohen ehemaligen Steilufers zwischen Alt- und Neudarß ist im Wald noch gut zu erkennen.

027fd-tm

Zuletzt entstand vor ca. 800 Jahren im Süden der **Vordarß,** das moorige, von Gräben durchzogene, baumlose Land, das sich bis zum Grenzweg in Ahrenshoop 4 erstreckt.

Der Altdarß war schon damals ein bedeutendes **Waldgebiet.** Eine mögliche Deutung des Namens könnte auf den slawischen Begriff *drazd* („Laubwald") zurückgehen. Im Laufe der letzten Jahrhunderte verschwanden durch Raubbau große Teile des Laubwaldes, der mit schnell wachsenden Kiefern aufgeforstet wurde. Der etwa 50 km² große Wald mit seiner einzigartigen Flora und Fauna gehört seit 1990 zum **Nationalpark Vorpommersche Boddenlandschaft** (s. S. 107).

Der Darß wurde bereits im Mittelalter zu einem beliebten **Jagdgebiet.** Hermann Göring, Reichsjägermeister des Dritten Reichs, stellte hier ebenso dem Wild nach wie die DDR-Regierung, die hier bis 1990 zu Staatsjagden einlud. Heute gehen Naturliebhaber mit der Kamera auf die Pirsch. An verschiedenen Stellen lassen sich Wildschweine und **Rothirsche** beobachten, deren Röhren im Herbst bis in die Orte zu hören ist (s. S. 109). Ideale Ausgangspunkte für Touren in den Wald sind Born und Wieck.

Wie das Fischland ist auch der Darß für seine **weißen Strände** bekannt. Während im Norden bei Prerow im Sommer die Urlauber dicht gedrängt im Sand liegen und es recht lebhaft zugeht, kann man am **Weststrand** [C1–2] die Ruhe genießen. Wer dorthin möchte, muss zunächst

◁ *Buchen und Kiefern am Weststrand [C1–2] trotzen dem Wind*

▷ *Romantisch: rohrgedeckte Bootshäuser am Prerowstrom*

zu Fuß oder per Rad 6–7 km durch den Darßwald zurücklegen. Doch es lohnt sich. Nach Meinung des TV-Senders Arte zählt er zu den Top Ten der weltweit schönsten Strände. Überhaupt lassen sich die tollsten Ecken des Darß am besten mit dem **Fahrrad** (s. S. 86) erleben. Eine reizvolle Radtour führt von Wieck über Prerow durch den Wald nach Ahrenshoop und am Bodden entlang nach Born (s. Radtour 2 auf S. 90). Ein Klassiker ist der Wanderweg rund um den Darßer Ort (s. Wanderung 1 auf S. 82).

8 Born a. Darß ★★ [D3]

Fruchtbarer Boden, so weit das Auge reicht. Dazu der würzige Geruch des Darßwaldes und das sanfte Plätschern der Wellen des Boddens. All das macht Born so besonders.

Born auf dem Darß, wahrscheinlich aus dem Slawischen für **„Föhrenwald“**, liegt langgestreckt zwischen Saaler und Bodstedter Bodden am **Koppelstrom.** Noch vor etwa 150 Jahren galt der Ort als fast unerreichbar – für Reisende stellte schon Ahrenshoop 4 damals das Ende der Welt dar. Wer nach Born oder Wieck 12 wollte, der musste einen Fußweg von wenigstens zwei Stunden durch den Wald einplanen, sommers wie winters. Diese **Abgeschiedenheit** erklärt vielleicht auch die heute noch den Einheimischen nachgesagte Distanziertheit gegenüber Fremden. Selbst wer schon ewig im Ort wohnt, ist noch lange kein Borner. Noch bis zur Mitte des 20. Jh. gab es keine befestigte Straße nach Born, weshalb der Tourismus den Ort erst spät entdeckte.

Die Borner waren von jeher mit **guten Böden** gesegnet: „Den Bornern das Land, den Wieckern den Sand und Prerow den Strand“ – so wurden die drei Orte auf dem Darß häufig charakterisiert.

Zwar wurden die Männer des Ortes im 19. Jh. auch auf allen Weltmeeren als tüchtige Seeleute geschätzt, nach dem Ende der Segelschifffahrt war es aber erneut die **Landwirtschaft**, die vielen Familien das Überleben sicherte. Dass sie auch nach wie vor eine wichtige Rolle spielt, sieht man am **Gut Darß** 11. Daneben hat sich der **Tourismus** zur Haupteinnahmequelle entwickelt. Besonders nach dem Zweiten Weltkrieg wurde das Dorf, das heute offiziell den Titel „Staatlich anerkannter Erholungsort“ tragen darf, zu einem beliebten Urlaubsziel. Die Lage zwischen Bodden und Wald, die vor den kalten Seewinden schützt, und das damit verbundene milde Klima lockt **Wanderer** und **Badelustige** an.

Born ist sehr weitläufig. Die **Chausseestraße**, die östliche Hauptstraße des Ortes, folgt auf rund 2 km mehr oder weniger dem Uferverlauf des Koppelstroms. Während von dieser Straße links und rechts nur kurze Stichstraßen abgehen, sieht es im westlichen Teil Borns etwas unübersichtlicher aus. Hier schließen sich die Schul- und die Nordstraße an die Chausseestraße an. Südlich und nördlich davon findet man ein **Gewirr kleiner Wege.** An diesem Ende entstanden schon früh mehrere kleine Haufensiedlungen auf trockenen Dünenzügen, den sogenannten Reffen. Wer also Born erkunden möchte, der sollte sich von diesem „Labyrinth“ nicht abschrecken lassen.

Born muss man sich erwandern. Am besten, man folgt der **„Kulturstraat – Uns Dörp/Born damals“.** Dazu wurden seit 2009 rund 20 schwarzgestrichene Buhnenpfähle im Ort aufgestellt. Jeder zeigt ein Bild vergangener Zeiten, ein kleiner Text informiert über einzelne Gebäude, aber auch über die Geschichte, Traditionen und Bewohner des Ortes. Auf diesem kleinen Rundgang sind viele verschiedene Haustypen zu bestaunen. Entlang der Chausseestraße (z. B. Nr. 17, 45, 54, und 58) stehen einige hübsche **Fischerhäuser.** Ihr Aufbau folgt oft einem bestimmten Muster: holzverkleidetes Fachwerk mit rohrgedecktem Krüppelwalmdach, je zwei Fenster zur Rechten und Linken der mittig platzierten Tür, die Traufe der Straße zugekehrt. Daneben gibt es die massiven **Backsteinhäuser** ehemaliger Schiffer. Seltener entdeckt man Bauten im Stil niedersächsischer **Bauernhäuser** mit ihren Hochdielen. Die ältesten Häuser findet man in der Nordstraße, z. B. die alte Büdnerei (Nr. 29).

Ebenfalls einen Besuch wert sind die **Fischerkirche** ⑩ und der kleine **Hafen.** Wie schon vor über 100 Jahren wissen Segler die geschützte Lage zu schätzen und gehen hier gern vor Anker.

028fd-tm

☐ *Häufiger Anblick auf dem Darß: reetgedeckte Bauernkate*

9 Forst- und Jagdmuseum „Ferdinand von Raesfeld“ ★ [D3]

Wer mehr über die **Geschichte des Darß** erfahren möchte, sollte das Forst- und Jagdmuseum besuchen. Die Alte Oberförsterei wurde 1771 errichtet. An gleicher Stelle befand sich zuvor schon ein Jagdhaus der Pommernherzöge. Das gesamte Darßer Waldgebiet wurde von hier aus verwaltet. Ein Teil der Ausstellung ist dem **Forstmeister Ferdinand von Raesfeld** (1855–1929) gewidmet, der ab 1891 für fast 23 Jahre bestimmend für die Entwicklung des Waldes sein sollte. Er setzte sich für eine naturnahe Nutzung der Wälder und die vorausschauende Bejagung des Wilds ein. Mit seinem Handeln legte er gewissermaßen schon vor über 100 Jahren den Grundstein für den heutigen Nationalpark. Daneben erfährt man viel über die wirtschaftliche Bedeutung des Waldes und seine Bewohner. Eine besondere Attraktion ist das **Präparat** zweier im Brunftkampf verkeilter **Hirsche.**

› Chausseestr. 64, Tel. 038234 30297, geöffnet: Mai–Okt. Di.–So. 10–16 Uhr, außerdem Weihnachten/Silvester und Ostern, Eintritt: Erw. 3 €, Kinder 6–16 Jahre 1,50 €

10 Fischerkirche Born ★★ [D3]

Lange Zeit war die Seemannskirche in Prerow 14 die einzige auf dem Darß. Erst 1935 wurde nach einjähriger Bauzeit die Borner Fischerkirche geweiht. Der **dunkle Holzbau** mit seinem **Rohrdach** entstand nach Plänen des Hamburger Architekten Bernhard Hopp. Mit ihren 15 mal 10 m erscheint die Kirche mit dem **turmähnlichen Aufsatz** von außen eher klein, im Inneren jedoch wirkt sie durch das kunstvolle Tonnengewölbe angenehm geräumig.

029fd-tm

Der **Innenraum** wurde von Borner Handwerkern ganz in **Holz** gestaltet. Das Können des Dorfschmieds zeigt sich in den zwei **schmiedeeisernen Leuchtern.** Die Kugeln in der Mitte sollen Kanonenkugeln aus dem Dreißigjährigen Krieg sein. An der Altarwand symbolisieren vier geschnitzte Figuren in der Fremde Gestorbene: einen Seemann, einen Soldaten, einen Verschollenen und eine ausgewanderte Frau. Natürlich findet man hier auch die für die Gegend typischen **Votivschiffe.**

› Kirchweg 2, geöffnet: unregelmäßig, nach Verfügbarkeit freiwilliger Aufsichtspersonen. Vorbeischauen lohnt sich an allen Tagen.

11 Erlebnis-Hof Gut Darß ★★ [D4]

Aus dem ehemaligen VEG Zingst (Volkseigenen Gut der DDR), wo sich bis zu 1000 Beschäftigte um rund 7000 Mutterkühe kümmerten, ging 1992 zunächst eine neue Agrargesellschaft hervor, aus der das heutige Gut Darß entstand. Mehr als 4500 **Rinder**, ca. 4000 **Schafe** und eine Herde von fast 250 **Wasserbüf-**

Die Fischerkirche Born vereint typische Darßer Bautraditionen

feln gehören zum Bestand des Gutes, das sich auf über 4000 ha ganz der **ökologischen Landwirtschaft** verschrieben hat. Im eigenen **Hofladen** verkauft man nicht nur Biofleisch von Büffel, Burenziege und Rind, es wird auch Reh, Wildschwein und Hirsch aus dem angrenzenden Darßwald angeboten. Im Laufe der Jahre sind mehrere touristische Angebote hinzugekommen. So locken ein **Kletterwald**, eine **Minigolfanlage** und **Eisstockschießen** auf den Erlebnis-Hof.

› Am Wald 26, Tel. 038234 5060, www.gut-darss.de, geöffnet: Gutsküche tgl. 12–20 Uhr, Eisstockschießen/Natur-Minigolf tgl. 9–20 Uhr (Sept.–April auch 11–19 Uhr), Kletterwald April–Nov. tgl. 11–17 Uhr (witterungsabhängig), Hofladen s. rechts, Eintritt: Minigolf ab 9 €, Kletterwald 25 €, Kombitickets mit Ermäßigung möglich

030fd-tm

Die asiatischen Wasserbüffel sind die heimlichen Stars des Gut Darß 11

Infos und Reisetipps

› **Parken:** Parkplätze sind in Born nur begrenzt vorhanden. Am besten stellt man das Auto am Hafen oder beim Amt Darß/Fischland an der Chausseestraße ab.

› **Kurverwaltung und Touristeninformation Born** <022> Chausseestr. 73 b, Tel. 038234 50421, www.darss.org (unter „Service"/„Zimmervermittlung & Kurverwaltungen"), geöffnet: Mai.–Okt. Mo.–Fr. 10–17, Sa. 10–15 Uhr, Juli–Sept. zusätzlich So. 10–15 Uhr, Nov.–April Mo.–Fr. 10–17 Uhr. Die Kurverwaltung befindet sich mitten im Ort an der zentralen Bushaltestelle Born/Mitte. Es werden auch Gästezimmer vermittelt.

Essen und Trinken

› **Dat Happke** € <023> Schulstr. 1, www.dat-happke.de, geöffnet: mind. Mai–Okt. tgl. 12–19 Uhr. Der Imbiss mit freundlichem Service offeriert Fischbrötchen, Currywurst, Pommes sowie Eis, Kuchen und Kaffee. Es wird Wert auf regionale Produkte gelegt. Gut für eine Rast auf einer Radtour.

› **Walfischhaus Restaurant & Café** € <024> Chausseestr. 74, Tel. 038234 55786, www.walfischhaus.de, geöffnet: tgl. ab 12 Uhr (Nov.–März mind. Mo./Di. Ruhetage). Idyllisch am Hafen gelegen, sind in diesem Restaurant vor allem die Außenplätze beliebt. Heimische Klassiker und moderne Rezepte, auch für Vegetarier, prägen die kleine Speisekarte. Es gibt ferner ein Angebot an Kaffee und Kuchen.

Einkaufen

› **Hofladen des Gut Darß** 11, https://www.gut-darss.de/hofladen.html, geöffnet: Mo.–Fr. 9–17, Sa. 9–14 Uhr. Das Biofleisch von Rind, Kalb, Lamm und Büffel vom Gut Darß als Erzeuger ist überregional bekannt. Als essbare Andenken eignen sich Salami, Knacker oder Aufstriche im Glas. Auch ein eigenes Bier, das Bullenbräu, und Senfspezialitäten sind im Angebot. Empfehlenswert sind zudem Büffelburger und Bouletten. In der angeschlossenen Gutsküche (tgl. 12–20 Uhr) gibt es herzhafte Imbissangebote.

› **Konow-Maritim und Segelmacherei** <025> Chausseestr. 46, Tel. 038234 264, www.konow-maritim.de, geöffnet: meist Mo.–Fr. 10–17 Uhr, am besten vorher anrufen. Peter Konow ist der letzte Buddelschiffmacher auf dem Darß. Neben einer Ausstellung mit besonderen Stücken können Buddelschiffe und Souvenirs erworben werden. Die von Viola Konow hergestellten Taschen aus Segeltuch sind ein Verkaufsschlager.

12 Wieck a. Darß ★ [E3]

Hektik? Das ist hier ein Fremdwort. Wer den Trubel der Ostseestrände hinter sich lassen möchte, fährt nach Wieck. Zwischen Wiesen, Mooren und Feldern findet man Ruhe und Entspannung.

Wie auch Born 8 grenzt Wieck auf dem Darß an den **Darßwald,** der es vor den besonders im Herbst vorherrschenden, starken Westwinden schützt. Der Name des kleinen Örtchens am Bodstedter Bodden, der so viel wie „Bucht" bedeutet, verweist auf die Lage zwischen den Landzungen Bliesenrade im Süden und Fastbültenhaken im Norden. Was für manche ein Nachteil ist – die Ostsee ist schließlich einige Kilometer entfernt –, ist für andere gerade ein Grund, nach Wieck zu kommen. In dem kleinen Ort mit seinen rund 700 Einwohnern geht es **beschaulich** zu. Vor allem **Radtouristen** genießen die Ruhe und die wenig befahrenen Straßen, führt doch der **Ostseeküstenradweg** mitten hindurch.

1692 erscheint Wieck erstmals auf den schwedischen Matrikelkarten Vorpommerns. Überwiegend Kleinbauern und Fischer, die auf dem Bodden ihrer Arbeit nachgingen, lebten zu dieser Zeit hier. Zudem verzeichnete man einige Bewohner, die mit selbst gezimmerten Booten Holz vom Darß über den Bodden transportierten. 1725 zählte man schon 27 Frachtsegler, mehr als in der ansehnlichen Stadt Barth 23 auf dem Pommerschen Festland.

Auch Prerow 13 und Zingst 18 konnten damals keinen derart **geschützten Hafen** ihr Eigen nennen, was Wieck Vorteile bot. Rund hundert Jahre später segelten Wiecker nicht mehr nur über den Bodden. Es trieb sie nun „auf großer Fahrt" rund um die Welt. Wieck erlebte einen unglaublichen Aufschwung. Doch kaum war die Hochzeit der **Segelschifffahrt** vorbei, setzte eine rasante **Verarmung** der Bevölkerung ein. Im Gegensatz zu den ertragreichen Feldern Borns vermochten die kargen Böden Wiecks die Dörfler nicht zu ernähren und so versuchten viele Bewohner, mit illegalen Geschäften Geld zu verdienen („Die Darßer Schmuggler", s. S. 38). Ihre Armut wurde auf dem Darß sprichwörtlich: „De Wiecker, de Schlieker, de hungrigen Gäst, de fräten de Borner all Eier ut Nest."

Auf der Suche nach einem Auskommen zog es viele in die größeren Hafenstädte. Vernagelte Fenster und verfallene Häuser zeugten lange Zeit vom Niedergang des Dorfes. Auch weil man nicht mit feinen Ostseestränden trumpfen konnte, fasste der **Tourismus** hier wesentlich später Fuß. Um 1935 beherbergte der Ort die ersten Urlauber. Vor allem der staatlich gelenkte Fremdenverkehr in der DDR sorgte nach dem Zweiten

Weltkrieg für einen neuerlichen Aufschwung. Mehrere Betriebe unterhielten in Wieck Ferienobjekte, in denen jedes Jahr Hunderte Werktätige ihren Urlaub verbrachten.

Wer heute durch den Ort bummelt, entdeckt zahlreiche **restaurierte Katen und Fischerhäuser.** Besonders erwähnenswert sind die **Doppelbüdnerei,** ein Fachwerkgiebelhaus mit Krüppelwalmrohrdach von 1784 am Trommelplatz 1, und die Häuser in der Postreihe (Nr. 6 und 10). Viele weitere, oft sorgfältig restaurierte Gebäude geben dem Ort seinen ganz eigenen Charme.

Für viele Besucher ist das **Nationalparkzentrum Darßer Arche** Ziel eines Ausflugs nach Wieck. Das im Jahr 2000 eröffnete Haus, in seiner Form an ein Schiff erinnernd, wurde nach ökologischen Gesichtspunkten erbaut und wird weitgehend mit Sonnenenergie betrieben. Die **Ausstellung** bietet auf rund 500 m² Informationen über den Nationalpark Vorpommersche Boddenlandschaft (s. S. 107). Im Obergeschoss lassen sich Fossilien und Bernsteinfunde bestaunen. Ebenfalls in der Darßer Arche findet man ein **Gästezentrum,** die Zimmervermittlung und die **Galerie Künstlerdeck.**

Jedes Jahr im Frühjahr fällt an der Arche der Startschuss zum **Darß-Marathon** (s. S. 96). Die limitierten Teilnehmerplätze sind oft schon Monate vorher ausgebucht.

In Richtung Osten, den Straßen Müggenberg und Bauernreihe folgend, erreicht man den **Hafen.** Hier liegen liebevoll restaurierte Boote vor Anker. Gleich daneben lädt die **Badestelle** zu einem kurzen Sprung in den Bodden ein. Im Hochsommer kann man allerdings nur bedingt von Ab-

Die Darßer Schmuggler

Anfang des 19. Jh. blühte auf dem Darß der Schmuggel. Born 8 und Wieck 12 gehörten damals zu Preußen, während die Orte am südlichen Ende des Boddens, beispielsweise Ribnitz 28, zu Mecklenburg zählten. Wegen geringerer Zölle wurden Waren dort günstiger angeboten. Das machte den Schwarzhandel für viele Darßer attraktiv und Wieck zu einem echten Schmugglernest. Für viele arme Wiecker war der Schmuggel die einzige Möglichkeit, das Überleben zu sichern. Auch Seefahrer, die den Winter über zu Hause bleiben mussten, setzten auf die ungewöhnlichen Nebeneinnahmen. Mit einer Laterne signalisierten Helfer von der Borner Mühle aus, wenn sich an der engsten Stelle des Boddens mal wieder die Zöllner auf die Lauer legten. Einer Verurteilung entgingen die Wiecker oft aufgrund ihrer Gewitztheit und weil man sich gegenseitig deckte. Schließlich war fast das ganze Dorf am Schmuggel beteiligt. Erst als Mecklenburg 1868 der Zollunion beitrat, war es mit „de Smugglerie“ vorbei.

Den Schmugglern setzte der in Wieck geborene **Johann Segebarth** (1833–1919) mit seiner niederdeutschen Erzählung „De Darßer Smuggler“, die 1884 erstmals erschien, ein Denkmal. Segebarth fuhr selbst viele Jahre zur See. Mit seinem eigenen Schiff reiste er bis Nordamerika und ins Schwarze Meer, bevor er sich der Schriftstellerei und Lokalpolitik widmete. Sein Grab liegt bei der Seemannskirche Prerow 14.

031fd-tm

kühlung sprechen, erreichen die Wassertemperaturen in dem seichten Gewässerrand doch durchaus mal mehr als 20 °C.

› **Darßer Arche Nationalpark- und Gästezentrum Wieck** <026> Bliesenrader Weg 2, Tel. 038233 201, www.darsser-arche.de, geöffnet: Juni–Sept. tgl. 9–17 Uhr, Mai/Okt. tgl. 10–17 Uhr, April tgl. 10–16 Uhr, Nov.–März Di.–Sa. 10–16 Uhr, Eintritt Ausstellung: Erw. 8,50 €, Kinder 7–16 Jahre 4 €

Infos und Reisetipps

› **Parken:** Parkplätze sind in Wieck rund um die Darßer Arche kostenfrei bzw. mit Parkscheibe vorhanden. Auch am Hafen kann man parken.

Essen und Trinken

› **Café Freden** <027> Müggenberg 15, Tel. 038233 701861, Facebook-Seite, geöffnet: Mai–Okt. meist Mo.–Sa. 12–17.30 Uhr, im Winter an vielen Wochenenden und über Weihnachten/Silvester. Leckeren Kuchen und Kaffee genießt man hier vor allem im lauschigen Garten. Das kleine Café ist ein willkommener Stopp für Radfahrer und Spaziergänger nahe dem Boddenhafen.

› **Eiscafé Lange** € <028> Müggenberg 33, Tel. 038233 60258, www.eiscafelange.de, geöffnet: tgl. außer Di. 12–21 Uhr. Eine seit fast 50 Jahren bestehende Wiecker Institution ist das Café und Restaurant in der Ortsmitte. Neben den hausgemachten Eis- und Kuchenspezialitäten werden auch herzhafte regionaltypische Gerichte serviert.

Einkaufen

› **Darßer Manufructur** <029> Kargweg 4, Tel. 038233 60609, http://darsser-manufructur-neu.de, geöffnet: Mo.–Fr. 9–16 Uhr. Hier werden die gesunden Sanddornbeeren zu leckeren Marmeladen und Gelees, aber auch zu Likör verarbeitet. Verkauf vor Ort oder im Onlineshop.

› **Töpferei am Müggenberg „Muschelkeramik"** <030> Müggenberg 9, Tel. 038233 69716, www.muschelkeramik.de, geöffnet: während der Urlaubssaison meist Mo.–Sa. ab 11 Uhr geöffnet, bei Interesse am besten vorab telefonisch anmelden. Annette Korn fertigt reizende Keramik in Blautönen. Alles erinnert an das Meer und den Strand. Die Kannen, Tassen und Teller sind für den täglichen Gebrauch geeignet.

Idyllische Ruhe am Wiecker Hafen. Eine kleine Badestelle lädt zum Sprung ins kühle Nass.

⑬ Ostseebad Prerow ★★★[D2]

Fast endlos erscheint der weiße Sandstreifen von Prerow, davor lockt das weite Meer, im Rücken wiegen sich vom Wind geformte Kiefern.

Prerow ist mit seinen rund 1500 Einwohnern der **größte Ort auf dem Darß** und wohl auch das **beliebteste Seebad** auf der gesamten Halbinsel. Touristen zieht es nicht nur wegen des Darßwaldes, sondern im Sommer vor allem wegen des Strandes hierher: feiner, weißer Sand, so weit das Auge reicht. Bis zu 90 m breit erstreckt sich der **Nordstrand** auf rund 7 km bis nach Zingst ⑱. Doch auch abseits des Wassers hat Prerow einiges zu bieten. Es lässt sich hier herrlich flanieren, denn überall im Ort laden gemütliche **Cafés und Restaurants** zur Einkehr ein. Hübsche **Geschäfte** und kleine **Museen** bieten auch an regnerischen Tagen Abwechslung.

Doch bis Prerow zu diesem Urlaubsparadies wurde, erfuhr es eine wechselhafte **Geschichte**. Die erste Siedlung – 1296 erstmals schriftlich erwähnt – befand sich ungefähr dort, wo heute der kleine Hafen am **Prerowstrom** liegt. Der Name geht auf den slawischen Begriff *prerova* („Durchstich") zurück und verweist auf die ehemalige Verbindung von Ostsee und Bodden, die noch bis 1874 den Zingst vom Darß trennte. Wie in allen Dörfern der Halbinselkette lebten auch in Prerow die Menschen zunächst von der **Landwirtschaft** und dem **Fischfang**. Im 18. und besonders im 19. Jh. wurde die **Seefahrt** (s. S. 20) zur lukrativen Einnahmequelle. Nach der Blütezeit 1840–1880 zeichnete sich langsam der Niedergang der Segelschifffahrt ab. Dampfschiffe kamen in Mode, die Segler wurden verkauft, Werften geschlossen. Zwar traf Prerow dieser Wandel nicht so hart wie Wieck ⑫, aber auch hier setzte eine Abwanderung in Richtung großer Städte ein. Die **Sturmflut** vom November 1872, die zehn Menschenleben forderte, hatte schwerwiegende Folgen für den Ort (s. S. 111). Viele Bewohner verloren ihr Hab und Gut und der Prerowstrom versandete, womit die Prerower Fischer von der Ostsee abgeschnitten waren. Dies war ein weiterer Grund, warum Menschen wegzogen und die Einwohner-

032fd-tm

zahl sank. Die, die blieben, erlebten den rasanten Wandel zum **Badeort** und entdeckten neue Verdienstmöglichkeiten. Zeitungsberichte über die verheerende Flut fanden deutschlandweit Beachtung und weckten das Interesse an diesem kleinen Dorf. Ende des 19. Jh. kamen immer mehr Sommerfrischler nach Prerow.

Der Gastwirt **Hermann Scharmberg**, durch dessen Initiative 1878 ein **Steg** über den nun toten Arm des Prerowstroms gebaut wurde, damit Badegäste einfacher zum Strand gelangen konnten, gilt als Wegbereiter des Tourismus. 1881 fanden bereits 220 Badegäste den Weg nach Prerow. Die Zahlen stiegen nun stetig. 1910 brachte die **Eisenbahn** erstmals Urlauber nach Prerow, womit auch die Nachfrage zunahm. Manche Gäste reservierten schon im Dezember die Zimmer für die kommende Sommersaison. Bald war während der Urlaubszeit kein einziges Bett mehr frei. Die Einheimischen überließen den Fremden die sprichwörtliche „gute Stube" und zogen sich während dieser Zeit in die Stallstuben oder sogar in den Schuppen zurück. Aus Schiffern wurden Pensionswirte, Restaurantbetreiber oder Inhaber von kleinen Geschäften. Aber die Saison war kurz, die Einnahmen reichten gerade zum Überleben. Viele Jugendliche wanderten ab und der Darß wies lange eine überdurchschnittlich alte Bevölkerung auf. Nichtsdestotrotz wurde kräftig investiert: 1884 wurde eine **Seenotrettungsstation** gebaut, elf Jahre später eröffnete ein **Warmbad.** Wunderschöne Villen entstanden und 1902 legten erstmals Schiffe an der neuen **Seebrücke** 16 an. Denn vor Eröffnung der Bahnlinie reiste man hauptsächlich per Schiff nach Prerow. 1928 entstand das **Kurhaus** namens Dünenhaus.

Doch auch Prerow spürte die Folgen des Zweiten Weltkriegs. Der Fremdenverkehr lag darnieder. 1945 erfolgte durch die sowjetischen Truppen die Demontage der Darßbahn.

Doch schon 1950 beherbergten betriebseigene **Ferienheime** und **Kinderferienlager** wieder erste Gäste. Prerow entwickelte sich zu einem der beliebtesten Seebäder der DDR. Mit der deutschen **Wiedervereinigung** sah sich das Seebad neuen Herausforderungen gegenübergestellt und man investierte viel in die Modernisierung der alten Infrastruktur. Die Angst vor der Konkurrenz im Westen, wie z. B. den Ostseebädern Schleswig-Holsteins, war jedoch unbegründet. Viele Badeurlauber aus DDR-Zeiten blieben dem Ort treu und auch Hamburger, Hessen oder Bayern haben Prerow als Urlaubsziel für sich entdeckt. Jedes Jahr verzeichnet man rund 1 Mio. Übernachtungen. Von den rund 10.000 Gästebetten entfallen nur ca. 220 auf Hotels, der Rest wird in kleinen und Kleinstvermietungen vermarktet.

Zusätzlich zum **Boddenhafen** soll Ende 2023 ein neuer **Seglerhafen** an der Ostsee eröffnet werden. Und auch die geplante **Reaktivierung der Bahnlinie** von Barth 23 über Zingst bis nach Prerow könnte in einigen Jahren für zusätzliche Gäste sorgen.

Wer sich eine Karte von Prerow genauer anschaut, dem wird schnell die **ungewöhnliche Bebauung** auffallen. Die Straßen verlaufen meist in Ost-West-Richtung parallel zur Küste. Entlang dieser breiten Wege stehen die Häuser eher wie zufällig

Einst Heim Prerower Schiffer: ein gepflegtes Kapitänshaus

Ostseebad Prerow

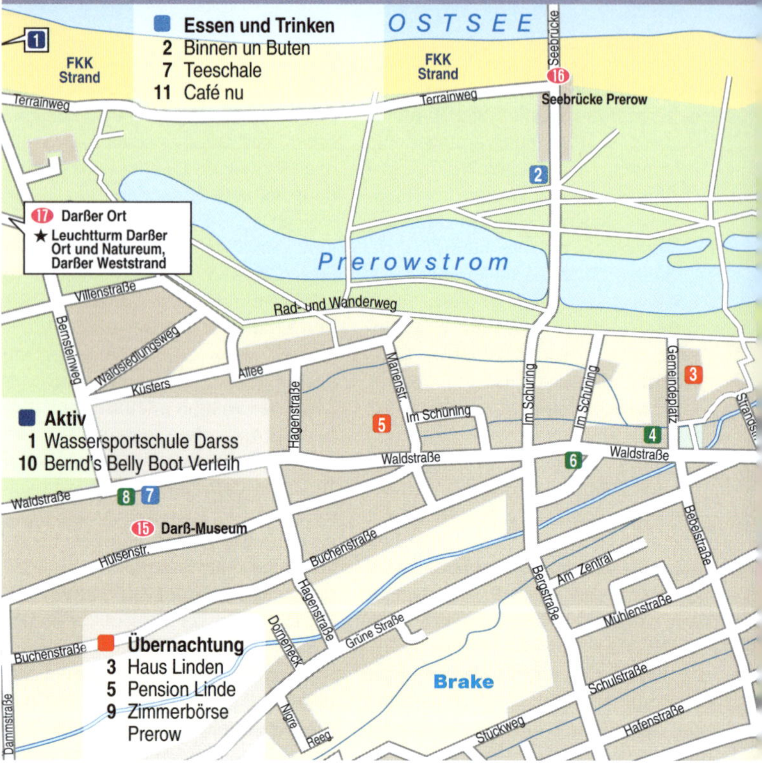

verteilt. Zwischen den Häuserreihen liegen oft ausgedehnte Wiesen und Felder. Auch der Wald schiebt sich immer wieder weit in den Ort, sodass man manchmal schwer erkennen kann, wo der Wald beginnt und das Dorf endet. Als Prerow Ende des 18. Jh. wuchs, war dies nur gen Westen möglich, und dort auch nur auf den sogenannten **Reffen.** Nur diese leicht erhöhten Dünenzüge boten genügend Schutz bei Überflutungen. In den dazwischenliegenden **Riegen,** den 1 bis 2 m tiefer liegenden Dünentälern, war der Untergrund zu nass zum Bauen. Dass der Ort auf den Besucher heute so weiträumig wirkt, erklärt sich durch eben diese geologische Besonderheit des Neudarß.

Die **Waldstraße** ist heute die wichtigste Straße in Prerow. Hier finden sich nicht nur zahlreiche Geschäfte und Restaurants, sondern auch die **Tourismusinformation** (s. S. 45) und das **Darß-Museum** 15. Wer an der Ecke Bergstraße nach Norden abbiegt, gelangt nach einigen Minuten zur **Seebrücke,** die bis Ende 2023 durch einen Neubau ersetzt wird.

Überall im Ort findet man noch alte **Seefahrerhäuser.** Die meist massiv oder im Fachwerkstil gebauten, eingeschossigen Häuser mit ihren schönen, tief heruntergezogenen **Rohrdächern** unterscheiden sich zum Teil stark von späteren Bauten, die v. a. für die Unterbringung der Feriengäste errichtet wurden, die Prerow ab den 1880er-Jahren als Urlaubsziel wählten.

14 Seemannskirche Prerow ★★★ [S. 42]

Die Kirche aus dem 18. Jh. ist die **Hauptkirche des Darß**, obwohl sie sich auf dem Zingst befindet. Die Kirchgänger, die früher auch aus Born 8, Wieck 12 und sogar Ahrenshoop 4 kamen, mussten also bis zum Bau des massiven Damms Ende des 19. Jh. immer mit einer Fähre übersetzen. Die Seemannskirche entstand zwischen 1726 und 1728 auf einer kleinen **Anhöhe** und blieb sogar bei der Flut 1872 unversehrt. Die erhöhte Lage war jedoch auch nötig, um mit dem Kirchturm ein **Seezeichen** zu schaffen. Der hölzerne Turm von 1727, der keine Verbindung zum Kircheninneren hat, ist heute allerdings nicht mehr in Seekarten verzeichnet.

Die Kirche wurde zuerst in Fachwerk als robuster Ständerbau errichtet, jedoch nach und nach mit **Backstein** ausgebaut. Die Kirchenmitte ziert ein Tonnengewölbe, während die Seitenschiffe eine flache Decke haben. Die Kronleuchter im Kirchenschiff sind Stiftungen, auch die **Schiffsmodelle** stammen aus den Händen von Prerowern oder mit ihnen verbundenen Personen. Das älteste Modell, die „Peter Kraeft", ist von 1780. Der Namenspatron schickte es von seinem neuen Wohnort London. Diese Votivschiffe erinnern an die vielen Prerower, die auf See ihr Leben riskiert oder verloren haben. Sie wurden besonders ins Gebet eingeschlossen. Ein berührendes **Gemälde** hängt über der Eingangstür. Der Vater eines 1690 vor Prerow ertrunkenen dänischen Matrosen stiftete die Darstellung von Jesus über den Wellen schwebend. Die barocke **Altarkanzel** aus Holz mit den wie Marmor erscheinenden Säulen wurde 1728 von dem Stralsunder Bildhauer Elias Keßler gefertigt. Die um 1740 entstandene spätbarocke Taufkapelle ist ebenfalls aus Holz. Das Gemälde daneben zeigt den Pastor der Entstehungszeit, Martin Henrici. Die Orgel stammt aus dem 19. Jh. Die in Grau-, Blau- und Grüntönen gehaltene **Innenausstattung** wirkt angenehm zurückhaltend und doch prachtvoll, was den damaligen Wohlstand der Bewohner widerspiegelt. Das **Kirchenbuch** von 1682 ist nicht nur eines der ältesten in Pommern. Mit seinen Berichten zu den Lebensumständen der Gemeinde ist es auch ein außergewöhnliches Geschichtsdokument.

Seit vielen Jahren wird die Seemannskirche für **Kunstausstellungen** und **Konzerte** genutzt. Neben der Kirche ist der **Kirchhof** Ziel für Besucher,

033fd-tm

denn um das Gotteshaus herum hat man viele **alte Grabsteine** aufgestellt. Gut lesbar ist auf einem Steinkreuz an der Rückseite der Kirche das Jahr 1730 verzeichnet. Nicht mehr alle Inschriften lassen sich infolge von Verwitterung leicht entziffern. Die Zeilen, die man liest, malen jedoch ein authentisches Bild vom Leben der Prerower und sind teils anrührend romantisch.

› Kirchenort 2, www.seemannskirche-prerow.de, geöffnet: April–Okt. Mo.–Sa. 10–18, So. 13–18 Uhr, Nov.–März unregelmäßig geöffnet

Zeugen der maritimen Vergangenheit: Grabsteine an der Prerower Seemannskirche 14

15 Darß-Museum ★★ [S. 42]

Etwas versteckt auf einem mit alten Bäumen bestandenen Grundstück ist in einem alten Wohn- und Logierhaus das Darß-Museum untergebracht. 1953 als **Heimatmuseum** eröffnet, wurde es 1980 zum **Landschaftsmuseum** umgestaltet. Die Ausstellungen erstrecken sich von der geologischen Entstehung des Darß über die Geschichte Prerows bis zur Darßer Baugeschichte und der Natur im Nationalpark. Auch Exponate aus dem Besitz von mit Prerow verbundenen Künstlern sind zu sehen. Am Haus und im Museum sind **Darßer Haustüren** (s. S. 45) ausgestellt.

Im **Garten** wird an einem **Segelschiff** gebaut und die Besucher können gern dabei zusehen oder selbst Hand anlegen. Die Vielfalt der Themen und Exponate machen das Darß-Museum zu einem besonderen Ausflugsziel. Die Sammlung wurde ab den 1950er-Jahren durch den Einsatz engagierter Bürger aufgebaut, z. B. der Biologin und Schriftstellerin Gerta Anders.

Veranstaltungen wie der **Töpfermarkt** am Pfingstwochenende oder der **Kunstmarkt** im September runden das Angebot ab.

› Waldstr. 48, Tel. 038233 69750, www.ostseebad-prerow.de/de/kultur/darss-museum.html. **Das Museum ist derzeit aufgrund von Sanierungsarbeiten geschlossen.** Der Museumsladen öffnet von Ostern bis Okt. Do.–Sa. 10–16 Uhr.

16 Seebrücke Prerow ★★ [S. 42]

Im Sommer 2022 begannen die Bauarbeiten für eine **neue Seebrücke** in Prerow – es wird die fünfte. Bereits 1902 entstand etwas weiter westlich eine erste, 200 m lange hölzerne Seebrücke. Sie war für die Entwicklung Prerows zum Urlaubsort entscheidend. Da man zu dieser Zeit hauptsächlich von Barth 23 oder Rostock mit dem Schiff kam – eine Straße durch den Darßwald gab es ja noch nicht –, wurde die Anreise so noch sicherer und bequemer. Diese Seebrücke wurde durch **Eisgang** zerstört. Der Nachfolgebau aus den 1920er-Jahren erlitt das gleiche Schicksal und wurde 1947 abgerissen. Ende der 1950er-Jahre durften die Prerower die dritte Seebrücke einweihen. Doch nur wenige Jahre später war es erneut der Eisgang, der ihr Schicksal besiegelte. Erst 1993 wurde eine nun 390 m lange massive Seebrücke eröffnet. Dieses Ereignis wird seitdem jedes Jahr Ende Mai/Anfang Juni mit dem **Seebrückenfest** gefeiert.

Doch nun hat die Gestaltung der neuen Seebrücke mit Inselhafen begonnen. Voraussichtlich **Ende 2023** wird der dann **ca. 700 m lange Steg** eröffnet, an dessen Ende ein **hufeisenförmiger Hafen** Liegeplätze für den Seenotrettungskreuzer, sieben Fischer- und rund 30 Sportboote bieten soll und der sicher eine neue Attraktion im Ort wird.

Infos und Reisetipps

› **Parken:** In Prerow liegen die großen Parkplätze am Hafen und entlang oder nahe der Waldstraße. Kostenfreies Parken ist, abgesehen von wenigen Kurzzeitparkplätzen (1 Std., Parkscheibe), nicht möglich. Die Tagesgebühr beträgt im Ort einheitlich 12 € und in den Außenbereichen 8 €.

› **Bus:** Die wichtigste Bushaltestelle befindet sich in der Ortsmitte am Supermarkt.

■ **Tourismusinformation Prerow** <031> Gemeindeplatz 1, Tel. 038233 6100, www.ostseebad-prerow.de (unter „Tourismus & Kurbetrieb"/„Kontakt & Service"), geöffnet: Mai–Mitte Juni und Okt. Mo. und Mi.–Fr. 9–17, Di. 9–18, Sa. 10–16 Uhr,

KURZ & KNAPP

Darßer Haustüren

Die typischen, bunten Türen gibt es bereits seit dem 18. Jh. **Maritime Motive** wie Sonne oder Anker mischen sich mit **religiösen und heidnischen Bildern** wie dem Tulpenstrauß als Lebensbaum oder diamantförmigen Reliefs, die den bösen Blick fernhalten sollen. Die Ornamente werden meist geschnitzt, manchmal auch gemalt oder gesägt. Bis in die 1920er-Jahre dominierten die klassischen Farben Blau, Grau und Grün. Danach wurden die Türen zunehmend bunter.

Nach anfänglicher Skepsis wurden Darßer Türen, hergestellt u. a. seit mehreren Generationen in der **Kunsttischlerei Roloff** in Prerow 13, immer beliebter und sind heute ein **Aushängeschild der Region** und von der UNESCO anerkanntes **Immaterielles Kulturerbe.** Im Prerower **Darß-Museum** 15 sind einige schöne Exemplare ausgestellt, man kann aber auch einfach mit neugierigem Blick durch Prerow oder Born 8 spazieren und die Darßer Türen an neuen und alten Häusern bewundern.

034fd-tm

Mitte Juni–Sept. Mo.–Fr. 9–18, Sa./So. 10–17 Uhr, Nov.–April Mo. und Mi.–Fr. 9–16, Di. 9–18, Sa. 10–14 Uhr. Der Kur- und Tourismusbetrieb logiert in einem historischen Haus mit Darßer Tür und bietet ein umfangreiches Serviceangebot inklusive Vorverkauf von Veranstaltungstickets.

Essen und Trinken

- **Binnen un Buten** €€ <032> Hauptübergang 2 a, Tel. 038233 60188, www.binnen-un-buten.de, geöffnet: tgl. 12–21 Uhr, Nov.–März Ruhetage z. B. Mo.–Mi. möglich. Das Restaurant mit Biergarten wird von Einheimischen wie Urlaubern geschätzt und befindet sich unmittelbar am Spazierweg zur Seebrücke. Saisonale Fischgerichte mit Hering, Dorsch und Zander sowie deftige Fleischvarianten wie Ochsenbäckchen stehen auf der Karte. Umfangreiche Weinkarte. Während der Hauptsaison finden oft Livekonzerte, u. a. eines regionalen Liedermachers, statt.
- **Café nu** <033> Hafenstr. 6, Tel. 038233 719258, www.imcafenu.de, geöffnet: tgl. 9–17 Uhr, Sa. Ruhetag. Das gemütliche Café von Nancy und Ute lädt zum Frühstück und vor allem Kuchen und Kaffee in großer Vielfalt ein. Viele der Snacks sind vegetarisch oder vegan. Nebenher durchstöbert man die zum Verkauf angebotenen kunstvollen und praktischen Kleinigkeiten.
- **Teeschale** <034> Waldstr. 50, Tel. 038233 60845, www.teeschale.de, geöffnet: Café Di.–So. 12–19 Uhr, Laden Di.–Sa. 11–18 Uhr. Die Teeschale gehört zu den größten Attraktionen in Prerow. Die ansprechende Architektur, die lauschigen Plätze in der Stube und im Garten, die riesige Auswahl (12 Sorten!) an frischem Kuchen und Torten sowie unzähligen Teesorten haben dazu wesentlich beigetragen. Das macht die Teeschale zu einem lohnenden Stopp. Die servierten Keramiktassen und -schalen können käuflich erworben werden.

Einkaufen

- **Bioladen Gaude Kost** <035> Lange Str. 23 a, Tel. 0172 3028309, www.gaudekost.de, geöffnet: Mo.–Sa. 8–12, Mo., Mi., Fr. auch 15–18 Uhr, Nov./Dez. evtl. Betriebsferien. Im Bio- und Naturkostladen gibt es Backwaren, Wurst und Käse, Fruchtaufstriche sowie Liköre und mehr von Herstellern aus der Region. Mit kleinem Café.
- **Darß-Kontor** <036> Waldstr. 12 a, Tel. 038233 702980, www.darsskontor.de, geöffnet: Mo.–Fr. 10–18, Sa. 10–15 Uhr, Sept.–April verkürzte Öffnung. Der Darßer Tropfen von Dirk Schuster ist ein milder Kräuterlikör mit 38 % Alkoholgehalt. Es gibt ihn in verschiedenen Größen und mit Geschmacksrichtungen wie z. B. Sanddorn. Im Darß-Kontor werden ferner schöne Souvenirs verkauft.
- › **Freilicht-Buchladen am Weg zur Seebrücke (Im Schüning),** https://freiluftbuecher.de, geöffnet: 12–18 Uhr an festgelegten Terminen zwischen Ostern und Anfang Okt. (online veröffentlicht). Der Bücherstand ist ein treuer Begleiter Prerower Urlaubsgäste. Als modernes Antiquariat lädt er zum Stöbern ein. Bei Regen geschlossen.
- **Heimatgalerie Prerow und Darßer Bernsteinmuseum** <037> Waldstr. 54, Tel. 038233 462, www.heimatgalerie-prerow.de, geöffnet: Heimatgalerie April–Okt. Mo.–Fr. 11–17, Sa. 11–16 Uhr, Nov.–März Mo.–Sa. 14–16.30 Uhr, Bernsteinmuseum April– Mitte Okt. Mi.–So. 14–16.30 Uhr, Nov.–März voraussichtlich geschlossen, Eintritt frei. Die Künstlerfamilie Moldenhauer betreibt eine Mischung aus Ausstellung und Verkaufsraum für ihre eigenen und weitere Produkte. Hier erhält man z.B. Schmuck aus Naturmaterialien, hausgemachte Seifen und Literatur aus eigenem Verlag. Ein besonderer Tipp sind die hübschen Miniatur-Keramiktüren, Schiffertüren genannt.

17 Darßer Ort ★★★ [D1]

Der Leuchtturm am Darßer Ort ist wohl das bekannteste Ausflugsziel rund um Prerow 13. Doch wer ihn besuchen will, gelangt nur zu Fuß, mit dem Fahrrad oder mit dem Kremser dorthin. Der Weg führt rund 4,5 km durch den urwüchsigen Wald des Nationalparks.

Unterwegs passiert man den **Nothafen Darßer Ort,** der zu DDR-Zeiten von der Nationalen Volksarmee angelegt wurde. Die Fischer und der Seenotrettungsdienst nutzten den Hafen über viele Jahre als Liegeplatz. Da er sich mitten im Nationalpark befindet und schnell versandet, wird mit dem neuen Inselhafen vor der Prerower Seebrücke eine Alternative geschaffen.

Die **Landspitze Darßer Ort** ist der Sandfang der **Ausgleichsküste** (s. S. 106) und liegt am nördlichen Ende des **Weststrands** [C1–2]. Hier entstehen jedes Jahr durch die Anlandung des an der Steilküste, z. B. bei Althagen, abgetragenen Materials mehrere Meter Neuland. Dieses junge Land wird über die Jahrtausende zuerst von Sporen, Moosen, Gräsern und später von Bäumen bewachsen und so Teil des Waldes. Besucher können hier also die Natur in Aktion erleben. Die verschiedenen Entwicklungsstadien kann man besonders gut auf dem 4,5 km langen **Rundwanderweg** erkennen, der zwischen Nothafen und Leuchtturm durch die Dünenlandschaft und den Wald sowie am Strand entlangführt. Besonders im Herbst, in der Zeit der Hirschbrunft (s. S. 109), ist die Wanderung ein Erlebnis. Am wildromantischen Weststrand entdeckt man beim Spaziergang vor dem Wind „flüchtende“ oder bereits umgestürzte Bäume und mit etwas Glück auch Bernstein oder sogar Fossilien im Spülsaum.

Über allem thront der **Leuchtturm** von 1848. Der Backsteinbau ist 35 m hoch und sendet sein Licht bei Nacht 20 Seemeilen weit über das Meer. Er ist der älteste noch betriebene Leuchtturm in Mecklenburg-Vorpommern und warnt vor den gefährlichen Untiefen der Prerow-Bank und der Darßer Schwelle. Noch bis 1978 tat hier ein Leuchtturmwärter seinen Dienst. Besucher können die 134 Stufen der gusseisernen Wendeltreppe erklimmen und von der Plattform die **Aussicht über Ostsee und Darß** genießen.

035fd-tm

Leuchtturm Darßer Ort: Besuchermagnet und Seezeichen

036fd-tm

Der Leuchtturm ist Teil des **Natureums,** einer Außenstelle des Deutschen Meeresmuseums. In den ehemaligen Diensthäusern rund um den Turm sind **Ausstellungen** zur Natur des Nationalparks, kleine Aquarien, ein Café und **Toiletten** untergebracht. Für das Natureum und den Leuchtturm fällt eine kleine Eintrittsgebühr an. Das **Café** ist nur Besuchern des Natureums zugänglich. Der Besucheransturm ist vor allem in den Sommermonaten groß. Viele wollen die außergewöhnliche Naturlandschaft erleben und am paradiesischen Strand entspannen.

› **Natureum Darßer Ort**, Tel. 038233 304, www.natureum-darss.de, geöffnet: Mai, Sept./Okt. tgl. 10–17 Uhr, Juni–Aug. tgl. 10–18 Uhr, Nov.–April Mi.–So. 11–16 Uhr, Eintritt: Erw. 6 €, Kinder 4–16 Jahre 3 €

› **Anfahrt mit der Bahn:** Darssbahn bis Haltestelle Nothafen, von dort über den ausgeschilderten Rundwanderweg in 1,5 km direkt zum Leuchtturm oder in 3,5 km durch die Dünenlandschaft (Fahrplan: www.darssbahn.de unter „Prerow“)

› **Anfahrt per Fahrrad:** von Prerow 13 über den Leuchtturmweg in ca. 6 km zum Leuchtturm

› **Anfahrt per Kremser:** Kutschfahrten ab Haltestelle Bernsteinweg, Dauer ca. 45 Min. bis zum Leuchtturm, Abfahrten Mai–Okt. tgl. 11 und 14 Uhr, Nov.–März Mi.–Sa. 11 Uhr und auf Anfrage, einfache Fahrt Erw. 8 €, Kinder 4 €, Anbieter: Kutschunternehmen Bergmann (Tel. 038233 70277, www.kutschfahrten-bergmann.de)

Strände

Der Darß hat **kilometerlange Strände,** jedoch liegt ein großer Teil von ihnen im **Nationalpark** und ist weder mit dem Auto erreichbar noch durch die DLRG bewacht.

Dazu zählt auch der bekannte **Weststrand** [C1–2]. Auf die üblichen Annehmlichkeiten und Infrastruktur müssen Strandgänger dort verzichten. Aber eigentlich ist das für viele genau das Richtige.

Sommer, Sonne, weißer Sand: Urlaubsspaß am Ostseestrand

Beeindruckend: die 450 m lange, stählerne Meiningenbrücke [F3]

Der **Nordstrand** [E2] von Prerow ⑬, der unweit des Darßer Orts ⑰ beginnt und sich bis auf den Zingst zieht, bietet jedoch alles, was das Herz des Strandliebhabers erfreut. Wie alle Ostseestrände fällt er flach ab und verfügt über weichen, weißen Sand. Die **Blaue Flagge** für sicheres Badevergnügen wurde auch Prerow verliehen. Rund um die Seebrücke sind **Restaurants und Imbisse** vorhanden. Hier steht der **Hauptturm der DLRG**, welche auch den Rest des Strandes überwacht. Ein spezieller Rollstuhl für das **barrierefreie Bad** kann hier geliehen werden. **Strandkörbe** werden an fast allen Strandaufgängen vermietet. Es gibt einen **Sportstrand** (s. S. 122) mit umfangreichem Angebot auch für **Kinder** und ein großes Freizeitangebot am Campingplatz Regenbogen (s. S. 130). **Parkplätze** sind am Bernsteinweg nahe dem Campingplatz und an der Bäderstraße am Prerowstrom vorhanden.

Auf der **Boddenseite** ist das Baden nur eingeschränkt möglich. Im Hafen von Wieck ⑫ ist ein kleiner Sandstrand angelegt, Born ⑧ hat an der Grabenwiese am Koppelstrom ebenfalls ein kleine familienfreundliche Badestelle.

Zingst

Dieser **jüngste Teil** des Trios Fischland-Darß-Zingst war noch bis 1874 eine Insel. Der Anschluss an den Darß bzw. das Festland erfolgte zum einen durch das Verschütten des schiffbaren Prerowstroms 1874 und zum anderen durch die **Meiningenbrücke** [F3], die 1910 für die **Darßbahn** errichtet wurde.

Der überwiegend flache, nur in wenigen Bereichen bewaldete Zingst ist ca. 20 km lang und bis zu 4 km breit. Die **Nehrung** zieht sich von West nach Ost wie ein Haken in die Ostsee und liegt nur knapp über dem Meeresspiegel. Der Zingst entstand aus einem sehr kleinen, geologisch alten Kern. Das meiste Land ist angeschwemmtes Material der **Ausgleichsküste** (s. S. 106). Insbesondere die lange Spitze des **Ostzingst** ㉒ wächst nach wie vor durch Sandablagerung. Die **vorgelagerte Insel Bock** nähert sich so der Insel Hiddensee an. Daher findet man Wald nur an wenigen Stellen und Landwirtschaft ist nur an der Boddenseite möglich, wo der Boden geeignet ist.

Der **Name** Zingst rührt vermutlich vom slawischen Begriff *seno* für „Heu“ her, da die Insel schon früh

037fd-tm

überwiegend zur **Heugewinnung** und als **Weide** genutzt wurde. Bereits 1296 wird Zingst erstmals urkundlich als **Besitz des Klosters Hiddensee** erwähnt. Die Mönche siedelten jedoch nicht hier, sondern nutzten die Flächen nur für die Landwirtschaft. Auch die Stadt Stralsund besaß einen Teil des Zingst, der noch heute **Sundische Wiese** genannt wird. Im 15. Jh. wurde die Insel dann Teil Pommerns und 1815 schließlich preußisch. Die Preußen, in Gestalt der Berliner Sommergäste, sorgten schließlich für den Aufschwung des **Badewesens** und brachten die Zingster Bevölkerung damit nach dem Niedergang der Segelschifffahrt wieder zu bescheidenem Wohlstand. Auf dem Zingst gibt es **nur einen Ort:** Das gleichnamige Ostseeheilbad 18 ist der größte Urlaubsort der Halbinselkette.

Vom Darß führt die **Bäderstraße** parallel zur Ostsee und dem **Schutzdeich**, der im Sommer eine richtige **Fahrradautobahn** ist, durch den Freesenbruch und dann in einem großen Bogen zur Meiningenbrücke. Wer nicht einfach nur schnell aufs Festland möchte, biegt von der Bäderstraße ins **Ostseeheilbad Zingst** 18 ab. Hier gibt es schöne Strände und gute Einkaufs- und Gastronomieangebote.

Der gesamte Osten der Halbinsel liegt im **Nationalpark** und weist eine vielfältige Landschaft auf. Diese kann man zwischen der Sundischen Wiese, dem Osterwald und Pramort nur **ohne Auto** entdecken. Wald, Moore, Wiesen und Dünen wechseln sich ab. Der Ostzingst ist auch ein bedeutendes **Vogelschutzgebiet.** Hier brüten und rasten u. a. Kraniche und verschiedene, teils sehr seltene Küstenvogelarten. Eine schöne **Radtour** führt vom Zingster Zentrum nach Pramort und entlang des Boddendeiches zum Hafen (s. Radtour 1 auf S. 87).

Interessant ist auch die Insel **Kirr** [F–G3] im Zingster Strom auf der Boddenseite. Auf den mit Prielen durchzogenen **Salzwiesen** des Kirr weiden im Sommer die Jungrinder vom Gut Darß 11 und dienen damit der Landschaftserhaltung. Für den touristischen Verkehr ist das Eiland gesperrt und seit 1972 offiziell Vogelschutzgebiet.

Originelles Motiv des Umweltfotofestivals „horizonte“ (s. S. 96)

038fd-tm

⑱ Ostseeheilbad Zingst ★★★ [F2]

Am Strand entspannen, in Boutiquen stöbern, gut essen, einzigartige Natur erleben und den Sonnenuntergang bei Straßenmusik mit einem Cocktail genießen – all das und mehr bietet Zingst.

Mit seinen rund 3000 Einwohnern ist Zingst der **größte Ort** der Halbinsel Fischland-Darß-Zingst. Bis ins frühe 19. Jh. gab es hier nur wenige Siedlungen, etwa Pahlen, Hanshagen und Rothes Haus, die um 1820 unter dem Namen Zingst zusammengefasst wurden.

Die **Bebauung** von Zingst richtete sich, ähnlich wie in Prerow ⑬, nach den Riegen und Reffen, die hier in Nord-Süd-Ausrichtung quer zum Strand verlaufen. Daher ist der Ort ebenfalls ausgesprochen **weitläufig.** Seine Einwohner lebten lange nur von kärglicher Landwirtschaft und Fischerei. Im 18. und 19. Jh. blühte hier wie überall in der südlichen Ostsee die Segelschifffahrt auf und die Zingster schufen sich erst durch kleinere Transporte entlang der Küste und dann durch die große Fahrt auf den Weltmeeren einen bescheidenen Wohlstand. Die weiß getünchten **Kapitänshäuser** mit ausgebautem Oberstock, beispielsweise in der Störtebekerstraße, sind Zeugnisse dieser Zeit, als sich hier der **größte Werften- und Seefahrerort** der heutigen Halbinselkette befand. Als die Segelschifffahrt zum Ende des 19. Jh. nicht mehr profitabel war, verließen mehr als 400 Zingster ihre Heimat. Sie fanden in den großen Hafenstädten weiter westlich ein neues Zuhause.

Erst der einsetzende **Fremdenverkehr** brachte wieder Einnahmen für die Einheimischen. So wurde 1881 ein sogenanntes **Bade-Comité** gegründet und bereits 1892 hatte Zingst in der Saison 1000 registrierte Badegäste. Ein Warmbad kam 1898 dazu. Die Sommerfrischler wurden bei den Kapitänsfamilien untergebracht. Kost und Logis wie auch die vom Badearzt empfohlenen Bäder und Anwendungen waren teuer – so kamen die Gäste überwiegend aus wohlhabenden Verhältnissen.

Als 1910 die **Darßbahn** eröffnet wurde und damit auch die Brücke über den Meiningenstrom, verbesserte sich die Anbindung des Ortes. Die aufwendige Fährüberfahrt von und nach Barth ㉓ entfiel somit. Auch **Künstler** kamen nach Zingst, überwiegend Maler wie Louis Douzette oder Otto Lämmerhirt. Vielen in Erinnerung geblieben ist der 1984 verstorbene Ur-Zingster Karikaturist Kurt „Kuddel" Klamann.

Ab 1937 bis nach der Wiedervereinigung wurde der **Ostzingst** ㉒ **militärisch genutzt**, was man auch im Ort spürte. Nach der Stilllegung der Darßbahn wurde die Eisenbahnbrücke nur noch für Kraftfahrzeuge genutzt. Der ab 2023 beginnende Wiederaufbau der **Kleinbahnstrecke** zwischen Barth, Zingst und Prerow lässt viele Zingster auf eine Entlastung des starken Autoverkehrs hoffen. In der DDR-Zeit entwickelte sich Zingst schnell zum hoch frequentierten Urlaubsort, was sich nach 1990 fortsetzte. 2002 wurde es als einziges Seebad der Region zum **Ostseeheilbad.** Mit dem jährlichen **Umweltfotofestival „horizonte"** (s. S. 96) hat sich Zingst mal wieder neue Zielgruppen erschlossen und seine Beliebtheit gesteigert.

Für einen **Spaziergang** durch Zingst ist der Platz vor der **Seebrücke** ein guter Startpunkt. Das **Kurhaus** bietet neben Informationen auch ein gutes Restaurant zum Verweilen an. Am Beginn der gegenüberliegenden **Fußgängerzone** steht hinter einem beliebten Imbisspavillon der historische **Seenotrettungsschuppen** von 1873 mit seiner aufschlussreichen **Ausstellung** zu mutigen Zingster Rettern. Eine Spende ist immer willkommen.

Hier muss man sich entscheiden: Geht man die **Strandstraße** oder die dazu parallel verlaufende **Klosterstraße** entlang? Beide verfügen über nette Restaurants und Geschäfte und treffen nach nur wenigen hundert Metern am **Fischmarkt** wieder aufeinander. An der Strandstraße lassen sich schöne Höfe mit traditionellen Häusern bewundern. Am Fischmarkt, auf dem jedoch keinerlei Markt stattfindet, befindet sich eine **Haltestelle der Ortsbahn** und man kann die Entdeckungsreise damit bequem fortsetzen. Zu Fuß steht man vor der nächsten Entscheidung: Geradeaus weiter führt die Strandstraße zum **Museumshof Zingst.** Wählt man jedoch linker Hand die Klosterstraße, so kann man über den Nehmzowsgang einen Abstecher zum malerischen, nach der Heimatdichterin Martha Müller-Grählert (s. unten) benannten **Kurpark** mit seinen schönen Beeten und Kunstwerken unternehmen. Von dort gelangt man über die Störtebekerstraße hinüber in den Schwedengang zur **Zingster Kirche.** Eine Besichtigung lohnt sich. Zurück auf der Störtebekerstraße orientiert man sich nun in Richtung Hafen, den man über den

„Wo die Ostseewellen" – Martha Müller-Grählert und „Mine Heimat"

Nahezu jeder kennt das **Ostseewellenlied.** Kaum jemand weiß aber, dass die Verfasserin dieser schönen Zeilen aus Zingst (18) stammt und welch wechselvolle Geschichte dahintersteckt. Müller-Grählert, 1876 in Barth (23) geboren, wächst in Zingst auf. Sie schreibt schon früh Geschichten und Gedichte und beginnt eine Ausbildung als Hauslehrerin. 1898 wagt sie den Umzug nach Berlin, wird Journalistin, später Redakteurin beim Deutschen Familienblatt. Sie heiratet den Agrarwissenschaftler Dr. Max Müller und lebt mit ihm gutbürgerlich u. a. in Japan. Das aus Heimweh nach Pommern entstandene Gedicht „Mine Heimat" wird 1907 in einer süddeutschen Zeitschrift veröffentlicht. Dort entdeckt es ein Flensburger Glaser, der in der Schweiz lebt, und trägt es seinem Chorleiter Simon Krannig, einem Sachsen, zur Vertonung an. Vom Zürichsee tritt das Lied seinen Siegeszug rund um die Welt an. Obwohl 1909 gesetzlich geschützt, wird es vielfach abgewandelt und z. B. als Nordseewellenlied aufgeführt. Müller-Grählert und Krannig kämpfen vor Gericht um die Rechte an ihren Werken, sind jedoch erst 1936 erfolgreich. Zu spät, um noch davon zu profitieren. Martha war 1924 nach dem Scheitern ihrer Ehe nach Zingst zurückgekehrt und lebte dort in ihrem „Sünnenkringelhaus" von kleineren redaktionellen Arbeiten, Gedichten und Lesungen. 1939 verstarb sie verarmt und fast erblindet. „Mine Heimat" gilt heute vielen als Hymne der Ostseeküste. Selbst wer den Text nicht kennt, kann die bekannte Melodie mitsummen.

003fd-tm

Postplatz mit interessanten **Open-Air-Fotoschauen** und von dort entlang der Hafenstraße erreicht. Auf der Strecke ist auch ein Abstecher zum **Max Hünten Haus** mit seinem Schwerpunkt Fotografie möglich.

Im **Boddenhafen** angekommen – geht man von der Seebrücke direkt dorthin, sind es 20 Min. Fußweg –, reicht der Blick weit über Zingster Strom und Bodden bis nach Barth. **Fahrgastschiffe** (s. S. 132) und ein **Zeesboot** (s. S. 66) starten hier **Rundfahrten**, eine vielfältige Gastronomie mit Außenplätzen lädt zu einer **kulinarischen Pause** ein. Im Herbst kann man hier abends die **Kraniche** (s. S. 109) beobachten, die auf die dem Hafen gegenüberliegende Insel zu ihren Schlafquartieren fliegen.

- **Martha-Müller-Grählert-Park** <038> Nehmzowsgang, www.zingst.de/martha-mueller-graehlert-park, geöffnet: tgl. 8–19 Uhr
- **Max Hünten Haus** <039> Schulstr. 3, Tel. 038232 165110, www.zingst.de/max-huenten-haus, geöffnet: tgl. 10–18 Uhr, Eintritt frei. Erlebniszentrum für Fotografie mit Bibliothek, Ausstellungen, Technik-Verleih, Workshops etc.
- **Seenotrettungsschuppen** <040> Strandstr., geöffnet: Mai–Sept. meist tgl. 10–18 Uhr, sonst je nach Verfügbarkeit freiwilliger Aufsichtspersonen

⓳ Seebrücke und Kurhaus Zingst ★★★ [S. 144]

Die Seebrücke und das Kurhaus sind der beliebteste Anlaufpunkt für die Zingster Gäste. Die **270 m lange Pier** wurde 1993 eröffnet und lädt zu Spaziergängen auf dem Wasser ein. Hierbei lassen sich die großformatigen **Holzkunstwerke** des Künstlers Roland Lindner entdecken.

Am Kopfende der Seebrücke kann man mit der **Tauchgondel** in die Ostsee eintauchen und in einem **3D-Film** mehr über die einzigartige Unterwasserwelt erfahren. Nach rechts schweift der Blick bei klarer Sicht nach Hiddensee und zur Linken zum Darßer Ort ⓱. Am nördlichen Horizont sieht man die Windräder des ersten Ostseewindparks Baltic 1 von 2011. Rund um die Seebrücke werden Speisen und Getränke angeboten und zum **Sonnenuntergang** versammeln sich hier viele Gäste. Im Sommer treten oft Straßenkünstler auf.

Das im Jahre 2000 nach dem Abriss des 1948 entstandenen Vorgängers eröffnete **Kurhaus** beherbergt die **Kurverwaltung mit der Tourismusinformation** und ein **Restaurant.**

Im Zingster Kurhaus kann man sich mit Meerblick trauen lassen

Mit seinem auffälligen Äußeren im regionalen Stil, u.a. mit Fachwerkelementen an der Fassade und einem Seepferdchen als Wetterfahne, ist es ein **Wahrzeichen** des Ortes.

› **Kurhaus Zingst**, Seestr. 56/57

■ **Tauchgondel Zingst** <041> An der Seebrücke, Tel. 038232 389077, www.tauchgondel.de/standorte.html#zingst, geöffnet: April/Mai und Sept./Okt. tgl. 10–18 Uhr, Juni–Aug Mi.–So. 11–21 Uhr, Nov.–März Mi.–So. 11–16 Uhr, während der Schulferien auch Mo./Di. Betrieb, kurzfristige witterungsbedingte Änderungen möglich, Eintritt: Erw. 9 €, Kinder bis 15 Jahre 6 €. Ein Tauchgang (max. 30 Gäste) dauert ca. 30–40 Min.

20 Peter-Pauls-Kirche und Friedhof ★★ [S. 144]

Bis ins 19. Jh. hatte Zingst keine Kirche. Man konnte es sich schlichtweg nicht leisten. Erst 1860 wurde nach Zusage finanzieller Unterstützung durch die preußische Regierung mit dem Bau eines Gotteshauses begonnen. Das Grundstück war eine Stiftung des Bauern Schütt. Die architektonische Gestaltung erfolgte durch Friedrich August Stüler im **neugotischen Stil.** Die Peter-Pauls-Kirche ist ein **schlichter Backsteinbau.** Ein **Glockenturm** entstand unmittelbar neben der Kirche.

Besondere Bekanntheit erlangte die Kirche, als der Theologe und Widerstandskämpfer **Dietrich Bonhoeffer** hier 1935 predigte. Der örtliche Pastor Gerhard Krause wagte es, durch Bonhoeffer inspiriert, selbst gegen das Regime aufzubegehren und kam nur knapp mit dem Leben davon.

Im **Innenraum** fällt besonders der modern gestaltete Altar von 2006 auf. Er stammt von Ludvik Cejp aus Hannover und beinhaltet die erhaltenen Figuren vom bekannten preußischen Bildhauer Reinhold Begas aus dem 1930 zerstörten ursprünglichen Altar. Die Orgel wurde 1986 durch die Firma Sauer aus Frankfurt/Oder eingebaut.

Auf dem **Kirchhof** findet man u.a. das Grab Martha Müller-Grählerts (s. S. 52) und Grab- sowie Gedenksteine für Zingster Künstler und Schiffbrüchige, wie z.B. die Besatzung des 1913 gestrandeten Rahschoners „Minna“.

› Kirchweg 8, Tel. 038232 15226, geöffnet: keine festen Zeiten, in der Regel tgl. 10–16 Uhr

21 Museum Zingst mit Museumshof ★★ [S. 144]

Im **Kreisverkehr** an der Verlängerung der Strandstraße fällt das schöne Ensemble aus Museum und Museumshof auf. Das historische Kapitänshaus **Haus Morgensonne** entstand 1867. Es diente als Wohnhaus, Pension und Unterkunft für junge Seefahrtschüler aus wohlhabenden Familien. Seit den 1950er-Jahren werden Haus und Hof als Museum genutzt und wurden seitdem mehrfach, zuletzt 2014, umgestaltet. Heute ist die Ausstellung im alten Wohnhaus mit einem **gläsernen Verbindungsbau** an eine neu entstandene **Gemäldegalerie** angeschlossen.

Das Museum thematisiert im Erdgeschoss des Haupthauses die **Entwicklung des Ortes** und seiner Einwohner von armen Fischerbauern über wohlhabende Seeleute bis zu den ersten Gastgebern. Original erhaltene Teile von Einrichtungen Zingster Stuben und Biografien bekannter Einheimischer oder mit dem Ort Verbundener lassen die Geschichte lebendig werden. Im Obergeschoss widmet man sich der **Schiffbau- und**

Schifffahrtsgeschichte, z. B. mit Exponaten aus dem Handwerk von Schiffszimmerern und Segelmachern sowie Mitbringseln Zingster Kapitäne. **Schiffsmodelle und -bilder** ergänzen die Ausstellung im Zwischenbau. Die Gemäldegalerie zeigt in einer Dauerausstellung **Sehenswertes Zingster Künstler,** wie z. B. der Familie Klamann oder Louis Douzette. Dazu kommen Sonderschauen auch von ortsfremden Künstlern.

Ergänzt wird das Museumserlebnis durch den **Museumshof.** Neben einigen Außenexponaten kann man in der **Pommernstube** beim Filzen oder Bernsteinschleifen kreativ werden oder in der **Museumsbäckerei** eine leckere Rast einlegen. Im Hof finden regelmäßig **Konzerte und Märkte** statt.

› Strandstr. 1–3, Tel. 038232 15561, geöffnet: April–Okt. tgl. 10–18, Nov.–März Do.–So. 11–17 Uhr, Eintritt: Erw. 5 €, Kinder bis 14 Jahre frei

› **Pommernstube Kreativwerkstatt,** Strandstr. 3, Tel. 038232 260685, geöffnet: Mo., Mi.–Fr. 10–16 Uhr, im Sommer erweiterte Öffnungszeiten möglich, Eintritt frei. Für Workshops ist eine Pauschale für die Materialkosten zu entrichten.

Infos und Reisetipps

› **Parken:** Wer Zingst erkunden möchte, sollte die Parkplätze am Hafen und am Experimentarium (s. S. 122) nutzen. Im Zentrum sind nur sehr wenige Parkbereiche in den Nebenstraßen vorhanden, wo die Parkdauer auf 2 Std. beschränkt ist. Strandbesucher finden Parkmöglichkeiten direkt an der Straße von Prerow kommend bzw. östlich des Ortes in Richtung Müggenburg vor. Hier kann man mehrere Stunden parken, allerdings darf man sein Auto nirgendwo in Zingst über Nacht stehen lassen.

› **Bus:** Die wichtigste Bushaltestelle befindet sich im Zingster Zentrum beim Max Hünten Haus (s. S. 53).

› **Tourismusinformation im Kurhaus Zingst** ⓳, Tel. 038232 81580, www.zingst.de/tourismusinformation-zingst, geöffnet: tgl. 9–18 Uhr. Das Kurhaus ist Anlaufstelle für alle Urlaubsinteressen und bietet Prospekte, Beratung und Ticketverkauf. Im Max Hünten Haus (s. S. 53) und bei der Zimmervermittlung gibt es Außenstellen. Auch ein öffentliches WC, freies WLAN, ein Restaurant und ein Souvenirshop sind im Kurhaus verfügbar.

Essen und Trinken

■ **Café Rosengarten** <042> Strandstr. 12, Tel. 038232 84704, www.caferosengarten.net, geöffnet: April–Okt. Mo.–Sa. 12–17.30 Uhr, Nov.–März Do.–Sa. 14–17 Uhr. Mit seinem idyllischen Garten ist das abseits der Promenadenstraßen gelegene Café längst ein Besuchermagnet. Kuchen und Torten sind hausgemacht, in den zwei Räumen ist Platz für nur 28 Gäste. Es empfiehlt sich, etwas außerhalb der üblichen „Kaffeezeit" zu kommen.

■ **Kranichhaus** €-€€ <043> Hafenstr. 2, Tel. 038232 848948, geöffnet: tgl. 10–22 Uhr, Nov.–März eingeschränkte Zeiten. Die Lage im Zingster Hafen mit unverstelltem Blick auf den Zingster Strom und die vorgelagerten Inseln macht einen Besuch, besonders auf der Terrasse, einzigartig. Die Speisekarte ist übersichtlich und das Angebot zu allen Tageszeiten gut.

› **Schlösschen Sundische Wiese** €-€€€ (s. S. 128), geöffnet: Biergarten ca. ab Ostern bis Anf. Nov. tgl. 11–17 Uhr. Das beliebte Café mit Biergarten bietet eine willkommene Rast auf dem Weg zum Pramort. Der Grill ist zwischen 12 und 16 Uhr heiß und sonst gibt es Suppen, Kuchen und Getränke (Selbstbedienung). Herrliche Lage im Nationalpark.

- **Waffel-Maik** <044> vor dem Kurhaus, geöffnet: nach Maiks Laune, April–Okt. fast tgl., Nov.–März bei passendem Wetter. Die knusprigen Herzwaffeln von Maik haben Kultstatus. Mittlerweile verkauft er aus einem gut ausgestatteten Wagen heraus. Ob mit Puderzucker, Früchten oder Schokocreme – die Warteschlangen sprechen für sich.
- **Zum Alten Rettungsschuppen** <045> Strandstr. 61, geöffnet: April–Okt. tgl. 10.30–18 Uhr, oft länger, Nov.–März mind. am Wochenende. Unübersehbar in der Straßenmitte platziert, ist der kleine Pavillon mit Biergarten eine beliebte Anlaufstelle für Strandbesucher und Gäste auf Stadtbummel durch Zingst. Frische Fischbrötchen, Bratwurst und eine gute Auswahl an Getränken.

Einkaufen

- **Buchhandlung Lesezeit** <046> Strandstr. 43 a, Tel. 038232 16690, https://lesezeit.de, geöffnet: Mo.–Sa. 10–18 Uhr, April–Okt. auch So. 14–18 Uhr. Gut sortierte Buchhandlung für Urlauber und Einheimische. Lektüre zur Region ist vorhanden, aber auch Kartenmaterial, Postkarten und kleine Geschenkideen.
- **Pödderie** <047> Hafenstr. 43, Tel. 0151 17364524, www.zingster-keramik.de, geöffnet: Mo.–Fr. 10–17, Sa. 10–13 Uhr, im Sommer oft länger. Sabine Schagun verkauft seit 2004 praktische und schöne Keramik aus eigener Herstellung. Die Farben sind nachtblau, türkisgrün und braun und erinnern an das Meer und den Strand. Bestellungen sind möglich, müssen aber in Zingst abgeholt werden.
- **Schmuckhaus Vineta** <048> Strandstr. 46, Tel. 038232 15636, www.schmuckhaus-vineta.de, geöffnet: Mo.–Fr. 10–18, Sa. 10–17, April–Okt. auch So. 12–18 Uhr. Bernstein in allen Facetten und Schmucksteine, in Ketten, Ringe etc. aus Gold und Silber eingefasst. Auch Kinderschmuck. Das Sortiment ist auch online bestellbar.

Nachtleben

- **Zuckerhut Café & Bar** <049> Seestr. 56/57, neben dem Kurhaus, geöffnet: in der Saison tgl. ab 11 Uhr, im Winter eingeschränkte Zeiten. An der Seebrücke wird im Sommer auch eine Beachbar aufgebaut. Ein idealer Ort, um den Sonnenuntergang mit einem Cocktail zu genießen, wie die vielen Besucher beweisen.

22 Ostzingst mit Pramort ★★★ [J3]

Die 15 km lange Spitze des Ostzingst steht unter **Naturschutz** und ab dem Parkplatz Sundische Wiese [H2] dürfen Besucher **nur zu Fuß oder mit dem Fahrrad** weiter.

Der Name **Sundische Wiese** rührt daher, dass die Hansestadt Stralsund hier ab dem Mittelalter Land besaß. Das Schlösschen Sundische Wiese (s. S. 128), das um 1900 entstand, diente früher als Jagdhaus, heute logiert hier ein Hotel mit einladendem Biergarten. **Pramort** im östlichsten Teil des Zingst war bereits früh besiedelt. Hier lebten vereinzelt Fischer und Wildhüter, die mit dem Kloster auf Hiddensee verbunden waren.

1937 entschied sich die **Wehrmacht** bei der Suche nach einem neuen Übungsgelände für die Sundische Wiese. Alle 36 Bewohner mussten im Mai ihre Höfe aufgeben, auf dem Areal entstand eine Flak-Einheit mit Bombenabwurf- und Schießplatz mit Schiffsattrappen in Originalgröße. Nach weiterer Nutzung durch Nationale Volksarmee und Bundeswehr wurde das Gebiet 1993 in die

Ideal für die Vogelbeobachtung: Ausguck am Pramort

Hände der **Nationalparkverwaltung** gegeben.

Heute hat sich die Natur hier zu einem einzigartigen Biotop entwickelt. Der **Osterwald,** mit 800 ha das größte zusammenhängende Waldgebiet des Zingst, ist das einzige **Regenmoor** in Mecklenburg-Vorpommern und wird allein durch Niederschlag und Luftfeuchte gespeist. Es ist sehr mineralsalzarm. Hier wachsen z.B. Buchen, Fichten, Ebereschen und Stechpalmen. Sogar **Mammutbäume** wurden in der 1950er-Jahren gepflanzt.

Zwischen dem Osterwald und der Spitze Pramort liegt das größte unbewaldete Weißdünenfeld der Ostseeküste namens **Hohe Düne** [I2] mit Erhebungen bis zu 14 m. Besucher können die eindrucksvolle Natur hautnah erleben. **Rad- und Wanderwege** führen zu reizvollen **Aussichtspunkten.**

Der Ostzingst ist **Vogelschutzgebiet.** Bestimmte Bereiche sind daher für Besucher gesperrt. **Verbotsschilder** sollten respektiert werden, vor allem weil hier noch **Munitionsreste** aus der Zeit der militärischen Nutzung vermutet werden und ein Betreten der potenziell betroffenen Flächen lebensgefährlich sein könnte. Im **Herbst**, wenn sich rund um Zingst die **Kraniche** sammeln, ist Pramort ein gefragter Aussichtspunkt. Dann wird der Zugang ab 15 Uhr vom Parkplatz Sundische Wiese aus begrenzt und maximal 60 Personen erhalten nur mit einer **speziellen Nationalpark-Card** (s. S. 109) Zutritt.

Strände

Die Sandstrände an der Ostsee scheinen fast endlos. **Badespaß und Wassersport** finden auf 15 km Länge zwischen Prerow 12 und Zingst 18 (Müggenburg) statt. Auf der **Boddenseite** gibt es **keine Strände oder Badestellen.** Einige Bereiche im **Nationalpark** sind für Strandbesucher nicht zugänglich.

Je weiter man sich von der Seebrücke entfernt, desto weniger der komfortablen **Infrastruktur und Dienstleistungen** wie WC, Verkauf von Getränken und Snacks sowie Bewachung durch Rettungsschwimmer sind vorhanden. Der Strand ist überall **breit und feinsandig.** Er fällt flach ab und ist daher für **Kinder** gut

040fd-tm

041fd-tm

Herrlich weißer Sand, so weit das Auge reicht: Traumstrand in Zingst 18

geeignet. Die **Blaue Flagge** weht am Zingster Strand. Rettungskräfte des Deutschen Roten Kreuzes (DRK) sind an der Seebrücke und an mehreren **Rettungstürmen** im Ortsbereich im Dienst. **Sportangebote** wie Surfen, SUP und Beachvolleyball findet man u.a. am **Strandübergang 14**.

Von Mai bis September stehen den Strandbesuchern beiderseits der Seebrücke rund 600 **Strandkörbe** zur Verfügung. Die Kosten liegen in der Regel bei 12 €/Tag. An vielen Strandaufgängen sind **FKK-Anhänger** willkommen. Für **Hunde** gibt es in der Urlaubssaison an Strandübergang 9 (Richtung Müggenburg) und 28 (Richtung Prerow) eine Bademöglichkeit. Ab Oktober sind die Vierbeiner, ebenso wie Pferd und Reiter, am gesamten Strand willkommen.

Südliche Boddenküste (Festland)

Entlang der südlichen Boddenküste zwischen den beiden Städten Ribnitz-Damgarten 28 und Barth 23 liegen einige sehr sehenswerte Dörfer. Die wie eine Kette aufgereihten **Bodden** tragen die Namen **Saaler, Barther und Bodstedter Bodden, Koppelstrom und Grabow.** Im Gegensatz zur Halbinsel Fischland-Darß-Zingst dominieren hier große landwirtschaftlich genutzte Flächen. Es werden überwiegend Mais, Raps und Getreide angebaut. Die abgeernteten Felder werden im Herbst von den **Kranichen** als Futterplatz bevorzugt. Auch **Störche** sieht man hier in großer Zahl. Am Rande der Boddenufer bietet ein breiter Schilfgürtel vielen Vögeln einen geschützten Lebensraum. Ab November wird **Schilfrohr** geerntet. Das gebündelte und getrocknete Rohr wird für die typischen Dächer der Region verwendet.

Wirtschaftliches Zentrum ist die **„Bernsteinstadt" Ribnitz-Damgarten.** Tatsächlich prägt das „Gold der Ostsee" das Stadtbild und das Kulturangebot. Ein Besuch im Deutschen Bernsteinmuseum im Kloster Ribnitz 30 ist für viele der wichtigste Grund, in Ribnitz Halt zu machen.

Auf dem Weg nach Fischland-Darß-Zingst durchfährt man einige kleine Dörfer, bis man mit **Fuhlendorf und Bodstedt** 27 die Boddenküste erreicht. Von hier zeichnen sich auf der gegenüberliegenden Boddenseite schon die Darß-Dörfer Wieck 12 und Born 8 ab. Der Bodstedter Hafen ist für seine **Zeesbootregatta** (s. S. 98) bekannt. Hinter Bodstedt kann man entweder nach Barth weiterfahren oder direkt auf die Halbinsel Zingst abbiegen. Ein **Abstecher nach Barth** lohnt sich, denn die kleine Stadt steckt voller spannender Museen und hat einen gut erhaltenen historischen Stadtkern.

Nach Zingst 18 gelangte man ab 1910 über die stählerne **Meiningenbrücke.** Dieser 470 m lange Fachwerkträgerbau wurde für die Darßbahn gebaut. Ein Teil der Brücke kann um 90 Grad gedreht werden und ermöglicht so Schiffen die Durchfahrt. 1945 wurde die Bahnstrecke als Reparationsleistung teilweise demontiert. Bis vor einigen Jahren fuhren noch Autos über die Brücke, derzeit nutzt man eine parallel verlaufende Behelfskonstruktion. Ein **Wiederaufbau der Darßbahn** mit neuer Eisenbahnbrücke beginnt im Sommer 2023 und gilt trotz immenser Kosten allgemein als Gewinn für die Infrastruktur der Region.

Auch wer vielleicht nur auf der Durchreise in die Ostseebäder auf dem Zingst und Darß ist, sollte sich die Zeit nehmen, diesen schönen Landstrich **abseits des Urlaubstrubels** zu entdecken.

Strände sind an der südlichen Boddenküste kaum vorhanden und die Uferbereiche oft nicht zugänglich. Es gibt einige kleine Badestellen in den Orten. Lediglich am Campingplatz und am Hafen in Bodstedt findet man einen kleinen Sandstrand.

23 Vinetastadt Barth ★★ [G4]

Mit seiner reizvollen Innenstadt und der außergewöhnlichen Museumslandschaft ist Barth definitiv einen Ausflug wert.

Bereits 1193 werden die „Lande Barth" in der Chronik des Saxo Grammaticus, eines dänischen Geschichtsschreibers, erwähnt. In der Nähe zweier slawischer Burgen etablierte sich im frühen Mittelalter ein deutscher Marktflecken, der 1255 durch **Rügenfürst Jaromar II.** offiziell das **Stadtrecht** erhielt. Es entstand eine fast runde Siedlung mit gitterförmigem Straßennetz und rechteckigem Markt. Der Name soll auf den Fluss Barthe zurückgehen. Andere Theorien besagen, das slawische

042fd-tm

Die drei Fische im Wappen von Barth verweisen auf den Fischfang

Wort für Fähre sei namensgebend gewesen, denn an dieser Stelle setzte man zur einstigen Insel Zingst über. Die Entwicklung Barths wurde durch die Rügenfürsten positiv begleitet. Der als Minnesänger bekannte **Wizlaw III.** richtete sich in Barth eine Residenz ein und starb hier 1325. Nach Aussterben des Rügengeschlechts wurde Barth Teil des Herzogtums Pommern-Wolgast und wiederum für einige Zeit Residenz der Herrscher. Herzog **Bogislaw XIII.** ließ hier 1582 eine Buchdruckerei einrichten, in der 1588 die berühmte **Barther Bibel** gedruckt wurde. Schon bald zogen die Pommernherzöge jedoch nach Stettin. Nachdem Pommern in schwedische Hand gelangt war, wurde anstelle des Schlosses das adlige Fräuleinstift gebaut. 1727 wurde der erste Frachtsegler fertiggestellt. In der Folgezeit entwickelte sich Barth zu einem bedeutenden **Werftenstandort** und Umschlagplatz für Getreide. In der Blütezeit waren hier fünf Werften und 18 Reedereien mit über 170 seegehenden Schiffen ansässig. So war Barth Mitte des 19. Jh. der **zweitgrößte preußische Hafen.** Besonders nach dem Eisenbahnanschluss 1888 entwickelte sich die Region industriell, es wurden eine Eisengießerei, eine Zuckerfabrik, eine Fischkonservenfabrik und eine Jutespinnerei gegründet. Leider brachen nach dem Ersten Weltkrieg schwierige Zeiten an: Die Industrie zerfiel und die Stadt verarmte. In den 1930er-Jahren begann man, in Barth **Rüstungsbetriebe** anzusiedeln, u. a. die **Heinkel-Flugzeugwerke.** In einer Außenstelle des KZ Ravensbrück waren **Zwangsarbeiter** der Heinkelwerke untergebracht. Auch ein **Kriegsgefangenenlager,** das **Stalag Luft I** für Angehörige der Alliierten Luftwaffe, wurde in Barth angelegt. Zu **DDR-Zeiten** baute man einen Betrieb für Schiffsanlagenbau, eine Zuckerfabrik sowie Werke für Fischverarbeitung und Saatzucht auf. Besonders bekannt sind heute noch die **Barther Tomaten.** Nach der **Wiedervereinigung** entwickelte sich Barth zu einem Versorgungszentrum für die Region, wenn auch nur mit wenig Industrie. Die 9000-Einwohner-Stadt wird zunehmend für Touristen interessant. Eine Stippvisite am Barther Stadthafen ㉕ und in der gut erhaltenen Altstadt ist lohnend.

Altstadt von Barth

Die kleine Altstadt lässt sich **gut zu Fuß entdecken.** Vom Markt mit einigen gut erhaltenen Bürgerhäusern und einem schmucken Brunnen erreicht man gen Westen, vorbei an der St.-Marien-Kirche ㉔, das **Dammtor.** Das einzige erhaltene von ehemals vier Stadttoren ist 35 m hoch und war Teil der Stadtmauer aus dem 14. Jh. In den Straßen Stadtwall und Turmstraße sind noch Teile der Stadtbefestigung und der **Fangelturm** aus dem 16. Jh. zu sehen, der zeitweise sogar als astronomische Station diente. Bei einem Spaziergang entlang der **Wallanlagen** ist die kreisrunde Anlage der Stadt gut erkennbar.

Dabei passiert man auch das **Adlige Fräuleinstift.** Hier stand zuvor das 1573 erstmals errichtete Barther Schloss, ein schöner Renaissancebau. Nachdem die Pommernherzöge die Hofhaltung in Barth aufgegeben hatten, verfiel das Schloss zusehends und die Anlage gelangte erst in der Schwedenzeit zu neuer Blüte. Am selben Ort wurde 1733–1741 im barocken Stil ein Fräuleinstift erbaut. Es diente der Versorgung unverheirateter und verwitweter Damen der schwedisch-pommerschen Ritter-

schaft. Es handelte sich um die einzige schwedische Stiftung auf deutschem Boden. Erst 1948 wurde das Stift aufgelöst, 30 Jahre später verließ die letzte Stiftsdame die nun im Besitz der Kirche befindliche Anlage. Heute beherbergt das Stift altersgerechte Wohnungen der Volkssolidarität. Ein kleiner Spaziergang durch das Eingangstor ist erlaubt und gibt den Blick auf die sanierte zweiflüglige Barockanlage frei.

Hinter dem Stift befindet sich das imposante **sowjetische Mahnmal** zu Ehren gefallener Soldaten der Roten Armee im Zweiten Weltkrieg.

Vom Marktplatz in Richtung Süden führt die **Lange Straße** mit ihren Geschäften und Museen. Neben hübsch sanierten Bürgerhäusern lockt hier vor allem das **Vineta-Museum** die Besucher. Die legendäre, reiche Handelssiedlung **Vineta** soll sich nach Meinung einiger Forscher in der Nähe Barths befunden haben. Diese kaum jemals zu beweisende Annahme inspirierte das Stadttheater (die Barther Boddenbühne) zu den **jährlichen Vineta-Festtagen** und führte zum **Beinamen Vinetastadt.** Im Museum gibt es neben Exponaten zur Stadtgeschichte auch eine Sonderausstellung zum Mythos Vineta. Ein Teil der Präsentation widmet sich dem Barther **Peter Kreeft,** dem Erfinder des geschlossenen Helmtaucheranzugs.

Einige Häuser weiter logiert in einem idyllischen Innenhof das **Martha-Müller-Grählert-Museum.** Hier erfährt man Interessantes aus dem Leben der Autorin des beliebten Ostseewellenlieds (s. S. 52).

Außerhalb der Altstadt sind neben dem Bibelzentrum 26 die **Gedenkorte für das Stalag Luft I** und das **Mahnmal für das KZ Außenlager** mit Bronzereliefs von Jo Jastram von Interesse.

Blick auf den Barther Marktplatz und das Fräuleinstift

› **Vineta-Museum** <050> Lange Str. 16, Tel. 038231 81771, www.vineta-museum.de, geöffnet: Di.–Fr. 10–17, Sa./So./Fei. 11–17 Uhr, Eintritt: 5 €, erm. 3–4 €

› **Martha-Müller-Grählert-Museum** <051> im Museum in der Alten Druckerei, Lange Str. 30, Tel. 038231 77388, geöffnet: Mai–Okt. Mo.–So. 11–15 Uhr, Eintritt frei

24 St.-Marien-Kirche Barth ★★ [G4]

Vom Markt aus sieht man schon die **gotische Kirche** mit ihrem hohen **Turm.** Bereits ab 1250 wurde das Gotteshaus als dreischiffige Hallenkirche errichtet und 1340 als St. Marien erwähnt. Der Turm wurde 100 Jahre später ergänzt. Er ist heute 87 m hoch und findet sich auf Seekarten nach wie vor als Landmarke für die Schifffahrt. Ein Aufstieg über die 180 Stufen wird mit einer **großartigen Rundumsicht** von der Aussichtsebene in 55 m Höhe belohnt.

044fd-tm

Der **Innenraum** wurde mehrfach umgestaltet, so z. B. 1535, 1822 und 1863 im Stil der Neugotik durch den Schinkel-Schüler Friedrich August Stüler. Von 2018 bis 2020 wurde das Kircheninnere, insbesondere die Gewölbe und Wandmalereien, aufwendig saniert.

In der Kirche fällt die **Buchholz-Orgel** mit 50 Registern ins Auge. 2021 feierte die prächtige Orgel bereits ihren 200. Geburtstag. Der Prospekt wurde neugotisch umgestaltet, ebenso wie die Kanzel und die Emporen. Der Altar erhielt durch Stüler einen neuen Baldachin. Im Altarraum bewundert man die Zwölf Apostel des Berliner Malers Carl Gottfried Pfannschmidt. Ältestes Ausstattungsstück ist eine **Tauffünte** (Taufbecken) von 1360, ein Rotguss. In der nördlichen Turmseitenhalle befindet sich die **kirchengeschichtliche Sammlung.** Die Barther Marienkirche verfügt u. a. über eine 4000-bändige Kirchenbibliothek. Die ältesten Wandmalereien aus der Zeit um 1400 sind im Kreuzgewölbe zu sehen und stellen Jesus als Weltenrichter dar.

› Papenstr. 7, Tel. 038231 2783, www.ev-kirche-barth.de, Turmbesteigung und Kirchenbesichtigung Mo.–Fr. 10–16, Sa. 10–17 Uhr, für Turmbesteigung bitte im Lesecafé (Papenstr. 6) melden

[<] Der Turm von St. Marien dient Seeleuten als Landmarke

[>] Vom Barther Stadthafen aus fahren Ausflugsschiffe nach Zingst

25 Stadthafen Barth ★ [G4]

Nur wenige Schritte von der Altstadt entfernt gelangt man zum Hafen. Dieser wurde ab 1990 umfassend modernisiert und bietet heute **Liegeplätze für Freizeitskipper, Fischer und Fahrgastschiffe.** Die West- und die Osthafenmarina verfügen über gut ausgerüstete Anleger.

Barth ist ein idealer Ausgangspunkt für **Törns in die Boddenlandschaft und zur Ostsee.** Im Stadthafen kommen die Ausflugsschiffe aus Zingst an. Bummelt man an der Kaikante entlang, kann man **Räucherfisch** direkt vom Kutter kaufen oder in einem der **Restaurants** einkehren. Im Stadthafen sind Wohn- und Ferienanlagen geplant, teils mit Erhaltung der alten Speicher. Im August finden im Stadthafen die **Barther Segel- und Hafentage** (s. S. 98) als Stadtfest statt.

Unweit des Hafens befindet sich in einer Villa aus dem Jahr 1895 das kleine, aber feine **Windjammermuseum.** Hier werden Kapitänsbilder und Schiffsdioramen sowie eine Ausstellung zur Schifffahrtsgeschichte Vorpommerns in elegant-maritimer Atmosphäre präsentiert. Auch ein **Museumscafé** ist vorhanden.

› **Windjammermuseum** <052> Hafenstr. 22, Tel. 038231 400140, www.windjammer-museum.de, geöffnet: April–Okt. Di.–So. 10–18 Uhr, Nov. geschlossen, Dez.–März Sa./So. 11–17 Uhr, Eintritt: Erw. 6 €, Kinder 7–17 Jahre 3 €

095fd-tm

26 Bibelzentrum Barth ★★ [G4]

Etwas außerhalb der Altstadt gelegen, ist das Bibelzentrum Barth ein **interessantes Ausflugsziel.** Das **Hospital St. Jürgen** – norddeutsch für den hl. Georg – entstand 1320 und diente der Versorgung von Kranken, vor allem Leprapatienten. Im 14. Jh. kam eine eigene Kapelle dazu. Nachdem das Hospital im 17. Jh. aufgegeben worden und zusehends verfallen war, entstand ab 1730 auf den Grundmauern ein Hospital und **Armenhaus,** u. a. mit Wohnungen für Witwen und ihre Kinder. Später sorgte die **St.-Jürgen-Stiftung** für Bedürftige, die hier dauerhaft wohnen konnten.

1998 begann man mit dem Umbau zum Bibelzentrum und restaurierte die erhaltenen historischen Gemäuer. Besucher können in der Ausstellung die wertvolle **Barther Bibel,** 1588 in niederdeutscher Sprache gedruckt, betrachten und sich zu religiösen Themen informieren. Der neu gestaltete **Garten** zeigt Pflanzen, die durch ihren Namen oder ihre Nutzung einen Bibelbezug herstellen. Bemerkenswert ist der Rosengarten mit seinen nach Persönlichkeiten der Kirchengeschichte benannten Sorten. **Konzerte** und **Filmabende** gehören ebenso zum Repertoire wie **Führungen** und **Bildungsangebote.**

› Sundische Str. 52, Tel. 038231 77662, www.bibelzentrum-barth.de, geöffnet: Di.–Sa. 10–17 Uhr, April–Okt. auch So. 12–17 Uhr, Eintritt: Erw. 4,50 €, Schüler/Studenten 2,50 €

Infos und Reisetipps

- **Parken:** Es gibt viele Parkplätze rund um die Innenstadt. Oft kann man kostenfrei oder mit Parkscheibe stehen. Wer sich die zeitraubende Suche in der engen Altstadt sparen möchte, stellt das Auto auf dem Parkplatz Am Osthafen ab und zahlt 0,50 €/Std. oder 3,50 €/Tag.
- **Barth-Information** <053> Papenstraße 8, Tel. 038231 37400, www.stadt-barth.de/kulturelle-sehenswuerdigkeiten-in-barth/vinetastadt-barth/barth-information, geöffnet: Mo.–Fr. 10–17 Uhr. Neben Beratung zu Attraktionen und Ausflügen wird eine Zimmervermittlung angeboten. Auch Kartenverkauf für überregionale Veranstaltungen. Zusätzlich wird von Juni bis Sept. ein Servicepunkt, das Steuerhaus, im Stadthafen betrieben.

Essen und Trinken

- **Bugsy's** €€€ <054> Platz der Freiheit 6b, Tel. 038231 360592, www.bugsys-restaurant.de, geöffnet: Di.–So. 17–21, Sa./So. auch 12–15 Uhr. Im Restaurant am Hafen werden hochwertige Fleischgerichte, vor allem Steaks, aber auch vegetarische und vegane Speisen serviert.
- **Galerie-Café Barth** <055> Klosterstr. 1, Tel. 038231 499057, www.galerie-cafe-barth.com, geöffnet: Mai–Okt. 9–18 Uhr, Nov./Dez, März/April Mo.–Do. 12–17, Fr.–So. 9–17 Uhr. Im historischen Fachwerkspeicher gelegenes Café mit Frühstücks-, Kuchen- und kleinem Speisenangebot. Plätze mit Sicht auf den Markt. Mit Galerie (s. unten).

Einkaufen

- **Galerie-Café Barth** (s. oben). In der Galerie wird Malerei, Grafik, Keramik und weiteres Kunsthandwerk ausgestellt und zum Verkauf angeboten.
- **Vineta-Perlen Beatrice Boeck** <056> Dammstr. 16, Tel. 038231 455569, www.vinetaperlen.de, geöffnet: variable Öffnungszeiten, s. Website unter „Aktuelles". Die Künstlerin stellt farbenfrohe Glasperlen her und fertigt daraus individuelle Schmuckstücke. Eine Besonderheit sind die Ringe, Anhänger und Ohrringe mit Fruchtelementen. Für den Herrn gibt es Manschettenknöpfe.

Nachtleben

- **Jambolaya Café & Cocktailbar** <057> Fischereipier/Am Osthafen 3, Tel. 038231 450409, www.jambolaya.de, geöffnet: April–Okt. Mo.–Fr. ab 18, Sa./So. ab 14 Uhr, ab Pfingsten tgl. ab 14 Uhr. Tagsüber Anlaufpunkt für lauschiges Kaffeetrinken mit Hafenblick und abends legere Cocktailbar im Afrikastil mit Snackangebot. Ab und zu Livemusik.

046fd-tm

⟨ Bei Vineta-Perlen Beatrice Boeck entstehen reizvolle Schmuckstücke aus Glas, allesamt Unikate

⟩ Die typischen Zeesboote sieht man oft auf dem Bodden. In Bodstedt findet die größe Regatta statt (s. S. 98).

27 Bodstedt und Fuhlendorf ★ [E4]

Die Gemeinde Fuhlendorf umfasst die kleinen Orte **Fuhlendorf, Bodstedt, Michaelsdorf und Gut Glück.** Sie erstreckt sich entlang der idyllischen südlichen Boddenküste, die viele wegen der Ruhe und Naturnähe schätzen. Insgesamt sind hier nur ca. 900 Menschen zu Hause. Die Lage am **Bodstedter Bodden** ist sehr reizvoll, besonders **Angler** und **Wassersportler** fühlen sich hier wohl. Der Blick führt hinüber zu den Borner und Neuendorfer Bülten, flachen Grasinseln im Bodden, und den Darß-Dörfern Born 8 und Wieck 12.

Vor dem Bau der Darßbahn und der Meiningenbrücke bestand von hier eine Fährverbindung auf den Darß. Sowohl Fuhlendorf als auch Bodstedt wurden bereits im Mittelalter urkundlich erwähnt. Die **St.-Ewalds-Kirche** in Bodstedt entstand ab 1388 im spätgotischen Stil und verfügt über eine wertvolle Ausstattung. Die neuneckige Tauffünte aus Granit ist noch erhalten. Ein Großteil der Innengestaltung erfolgte später im barocken Stil. Nach einem Umbau zur Kapelle, 1457 von nach Schiffbruch geretteten Heringsfischern gestiftet, entwickelte sich die kleine Kirche bald zum regelrechten Wallfahrtsort.

Im **Bodtstedter Hafen** liegen noch einige traditionelle **Zeesboote** (s. S. 66) vor Anker. Anfang September findet hier seit 1965 die größte **Zeesbootregatta** der Region mit Wettfahrten statt (s. S. 98). Noch im 19. Jh. gab es auch kleine Werften, die einen Anteil an der Blüte der Segelschifffahrt in der Ostsee hatten. Heute befindet sich in Fuhlendorf ein moderner **Wasserwanderrastplatz.**

Besonders im **Herbst** kommen Naturfreunde in die Orte am Bodden, denn hier lassen sich **Kraniche** (s. S. 109) auf den Feldern und beim Einflug in ihre Schlafplätze beobachten.

Braune Segel auf dem Bodden – die traditionellen Zeesboote

Die wendigen Boote mit der prägnanten Betakelung und den charakteristischen braunen Segeln sind aus den Boddengewässern nicht wegzudenken. Seit 2018 werden Zeesboote (auch Zeesenboote) von der UNESCO als Immaterielles Kulturerbe geführt, womit das handwerkliche Geschick der Bootsbauer und Segelmacher sowie der seemännische Umgang mit den Booten unter den besonderen Bedingungen auf den Boddengewässern gewürdigt werden.

Bereits im 15. Jahrhundert fanden die Boote erste Erwähnung. Seit dem 18. Jahrhundert wurden sie zunehmend in Vorpommern gebräuchlich. Angesichts des geringen Tiefgangs waren die Boote mit dem flachen Kiel ideal für die Fischerei in seichten Küstengewässern. Die Segel wurden dabei gegen den Wind gerichtet und die an den Driftbäumen angebrachten Netze hinterhergezogen – so wurde seitlich gefischt. Diese Fahrt auf Drift war für den Bootsführer sehr anstrengend, aber gleichzeitig auch ausgesprochen ertragreich.

Ihre braune Farbe erhielten die Segel durch die spezielle Imprägnierung mit Ockerfarbe, Holzteer, Lebertran, Gerblauge aus Eichenrinde und Rindertalg. Das machte das Tuch länger haltbar. Jeder Bootseigner hatte hierfür seine ganz eigene Mischung.

Im 19. Jahrhundert gab es so viele Zeesboote, dass schließlich die Fischbestände bedroht waren und die Konkurrenz zur Aufgabe und Auswanderung etlicher Bootsbesitzer führte. 1980 wurde der Fischfang mit Zeesbooten endgültig eingestellt.

Heute sieht man die nostalgisch anmutenden, aber auch sehr schnellen Boote wieder vermehrt auf den Boddengewässern. Ausfahrten mit Touristen und Regatten sorgen für die Bewahrung des Erbes.

Interessante Informationen zu Zeesbooten und Veranstaltungen liefert diese Website:

› www.braune-segel.de

In den folgenden Häfen werden zwischen Mai und Oktober regelmäßig **Zeesboottouren** angeboten. Die Fahrpreise liegen um 18 € pro Person für eine ca. 1½–2-stündige Tour.

› ab **Ahrenshoop-Althagen** [B4]: mit den Zeesbooten „Sannert" und „Blondine", buchbar über Räucherhaus Althagen (s. S. 30), Tel. 038220 6946, www.raeucherhaus.com, tgl. 10–18 Uhr alle 2 Std., Aushang am Hafen beachten

› ab **Born** 8, **Wieck** 12 und **Bodstedt** 27: mit den Zeesbooten „Bernstein", „Martha" und „Marie Luise", nach Anmeldung bei Martin Rurik, Tel. 01744421750, www.zeesbootfahrten.de, Rundfahrten von allen drei Häfen an wechselnden Tagen

› ab **Wustrow** 2: mit den Zeesbooten „Bill" und „Butt", Tel. 038220 210 (Peter Eymael), tgl. 11–17 Uhr alle 2 Std., www.kunstscheune-barnstorf.de/butt

› ab **Zingst** 18: mit Zeesboot „Dorothea", Tel. 01733927217, Abfahrten tgl. je nach Information auf der Tafel im Hafen, in der Hochsaison meist im Rhythmus von 2 Std.

28 Bernsteinstadt Ribnitz-Damgarten ★★ [B7]

Ribnitz-Damgarten mit dem wohlklingenden Beinamen Bernsteinstadt lohnt einen Besuch. Die kleine Altstadt, vor dem Bau der Ortsumgehung noch durch viel Durchgangsverkehr belastet, wurde aufwendig saniert und lockt mit einigen Sehenswürdigkeiten.

Die an einer ehemaligen **Handelsstraße** fast mittig zwischen Rostock und Stralsund gelegene Siedlung mit einer Burg erhielt bereits 1233 das **Marktrecht.** Die Anlage der Stadt Ribnitz erfolgte planvoll mit einem rechteckigen **Marktplatz** 29 und einer Kirche im Zentrum sowie einem regelmäßigen Straßennetz. Sie war umgeben von einer Befestigung mit fünf Toren. Die Lage am **Ribnitzer See,** einem Ausläufer des Saaler Boddens, machte Ribnitz für den Seehandel und wohl auch als **Piratenversteck** attraktiv. Jedoch wurde die Stadt schon bald durch den Verschluss der Verbindungen von Ostsee und Bodden (Loop und Permin) ihres direkten Seezugangs beraubt. Der nahe gelegene Fluss Recknitz bildete die Grenze zu Pommern, die Rügenfürsten unterhielten dort eine Burg zur Abwehr der Mecklenburger. So kam es 1258 zur Gründung der Stadt **Damgarten** auf pommerscher Seite.

Beide Städte – Ribnitz wie Damgarten – waren immer wieder in Konflikte mit ihren jeweiligen Landesherren verwickelt. Sowohl Ribnitz (*ryba,* „Fisch") als auch Damgarten (*dam,* „Eiche", *gora* „Berg") besaßen namensgebende slawische Vorgänger. 1323 stiftete der Mecklenburger Fürst **Heinrich II.** in Ribnitz das **Klarissenkloster,** das bis 1920 Bestand haben sollte und heute mit dem **Bernsteinmuseum** 30 die wohl wichtigste Sehenswürdigkeit der Stadt darstellt. Kriege, Pestepidemien und nur eine geringe wirtschaftliche Bedeutung prägten vorerst die Geschichte beider Teilstädte bis ins 19. Jh. Dann setzte auch hier der Boom der **Segelschifffahrt** ein und es entstanden erfolgreiche **Werften.**

Mit Anschluss an die **Eisenbahn** im Jahr 1888 kamen sogar erste **Touristen** hierher. Diese stiegen jedoch meist auf kleine Motorschiffe um und setzten ihre Fahrt über den Bodden nach Fischland und Darß fort. Aber auch Ribnitz profitierte vom beginnenden Fremdenverkehr: Um 1920 sprach man vom **Luftkur-**

049fd-tm

Kostbares Fundstück: Bernstein, das „Gold der Ostsee" (s. S. 73)

ort Ribnitz als Perle am Bodden. Industrie siedelte sich nur wenig an. Erst in den 1930er-Jahren etablierte sich mit den Bachmann-Werken die Flugzeugindustrie in Ribnitz. Zur gleichen Zeit richtete die Luftwaffe auf der zur Gemeinde gehörenden **Halbinsel Pütnitz** einen **Fliegerhorst** ein. Couragierte Bürger verhinderten 1945 bei Kriegsende eine Zerstörung der Stadt. Die **DDR-Regierung** legte 1950 die beiden Städte Ribnitz und Damgarten zusammen und vereinte so mit einem Federstrich Mecklenburg und Pommern. Die wirtschaftliche Entwicklung von Ribnitz war bis zur Wiedervereinigung durch die **Möbelindustrie** bestimmt. Das Faserplattenwerk zeichnete auch für eine große Umweltbelastung verantwortlich. Aushängeschild der Doppelstadt wurde der **VEB Ostseeschmuck** (heute: Schaumanufaktur Ostsee-Schmuck), wo **Bernstein** (s. S. 73) verarbeitet wurde. Nach der Wiedervereinigung schlossen die großen Industriebetriebe ihre Tore und es fand sich keine langfristige neue Investition.

Ribnitz-Damgarten ist mit heute 16.000 Einwohnern wieder kleinstädtisch geprägt, die Wirtschaft wird von Handwerk und Tourismus bestimmt. Ribnitz verfügt über einen hübsch sanierten Ortskern mit einigen herausragenden historischen Bauten und einem **attraktiven Boddenufer** mit Marina, Gastronomie und Spazierwegen – die Figurengruppe „Zirkus“ von Jo Jastram (2009) ist ein Hingucker am Hafen. Seit 1990 bereichert

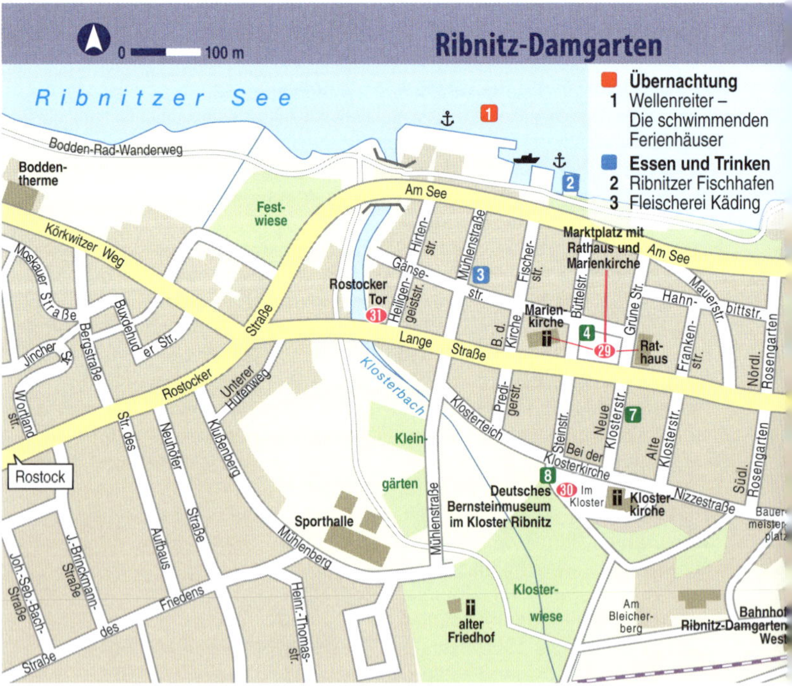

das **Internationale Folkloretanzfest** (s. S. 97) den Kulturkalender der Stadt.

Ein **Rundgang** durch die Stadt kann von der Ribnitzer Marienkirche über den Markt 29 zum Klosterhof und von dort entlang der Stadtbefestigung zum Rostocker Tor 31 und weiter zum Hafen führen. Eine Stippvisite im Ortsteil Damgarten 32 oder im Technikmuseum Pütnitz 33 rundet den Besuch ab.

Der im norddeutschen Raum bekannte Volkskundler **Richard Wossidlo** (1859–1939) fand auf dem städtischen Friedhof seine letzte Ruhestätte. Seine Sammlung von Sagen, Bräuchen und Liedgut aus Mecklenburg ist ein großer Schatz für die Landeskulturgeschichte.

29 Marktplatz mit Rathaus und Marienkirche ★★ [S. 68]

Steht man am sehenswerten **„Bernsteinfischer"-Brunnen** mit seinen hübschen Figuren (Thomas Jastram, 2007), genießt man einen schönen Blick über den Marktplatz. An der **Ostseite** steht das blassgelbe Rathaus im Stil des Klassizismus. Die gegenüberliegende Seite wird durch die Marienkirche dominiert. Ein moderner Flachbau in glänzendem Rot beherbergt die **Tourist-Information** (s. S. 74) und ein Café.

Ribnitz hat in der Vergangenheit schon einige Male am Markt ein **Rathaus** gebaut und durch Feuer wieder verloren, so z. B. 1348, 1455, 1537 und zuletzt 1759. Wegen Geldmangel begann ein Wiederaufbau zuletzt erst 1832. Während der zweijährigen Bauzeit entstand das aktuelle Rathaus als zweigeschossiger, dreiachsiger Bau mit Mittelrisalit im **klassizistischen Stil.** Da die Stadt sparen musste, war auch die Stadtschule bis 1913 hier untergebracht. Nach einer umfassenden Renovierung 1993/1994 strahlt das Gebäude heute wieder im historischen Glanz. Eine **Gedenktafel** an der Marktseite erinnert daran, dass Ribnitzer Bürger am 1. Mai 1945 den Volkssturm entwaffneten und die Zerstörung der Stadt durch die Rote Armee sowie die Erschießung der in Ribnitz auf dem Todesmarsch gestrandeten Frauen aus dem KZ Barth verhinderten.

Mit dem Bau der **Kirche St. Marien** wurde bereits in der Gründungszeit der Stadt begonnen. Der wuchtige Backsteinbau hat über die Zeit viele Umbauten erfahren, meist ausgelöst durch die verheerenden Stadtbrände. So entstand der Turm nach dem Brand 1455 und wurde der Innenraum nach dem großen Feuer von

1759 komplett neugestaltet. Die barocke Umgestaltung im 18. Jh. übernahm der herzogliche Baumeister Johann Joachim Busch, die Turmlaterne setzte 1841 Hofbaumeister Georg Adolph Demmler auf. 1980 erfolgte die Integration einer Winterkirche (eines beheizbaren separaten Raums oder Anbaus) unter Freilegung des barocken Fachwerks und 1994 der Einbau einer Orgel der Dresdner Werkstatt Jehmlich. Im Innenraum sind neben der interessanten Architektur der Barockaltar und die Kanzel sehenswert. Der Turm der Marienkirche ist als Landmarke weithin sichtbar. Über 214 Stufen erreicht man die **Aussichtsplattform.** St. Marien ist prägend für das Stadtbild und trägt mit Konzerten und Veranstaltungen, etwa dem Ribnitzer Orgelsommer, zum kulturellen Leben bei.

› **Marienkirche,** Bei der Kirche 1, Tel. 0174 8363764, geöffnet: tgl. 10–16 Uhr, Turmaufstieg 1 €

(30) Deutsches Bernsteinmuseum im Kloster Ribnitz ★★★ [S. 68]

Die stimmungsvolle Kombination von Alt und Neu, Museum und Kirche, Natur und Kultur machen das Deutsche Bernsteinmuseum und die zugehörige Klosterkirche zu einem großartigen Ausflugsziel.

Vom Markt führt südlich die Neue Klosterstraße zum **Klosterhof.** Das charmante Ensemble beherbergt neben dem Deutschen Bernsteinmuseum auch das Standesamt und eine **Galerie,** u. a. mit Werken von Lyonel Feininger, sowie Wohnungen.

Das 1323 durch den Mecklenburger Fürsten **Heinrich Borwin II.** gestiftete Kloster wurde durch den Orden der **Klarissen** betrieben. Benannt nach **Klara von Assisi** (um 1193–1253), war Ribnitz das einzige Kloster des Ordens in Norddeutschland. Unterstützt wurde die Gründung durch den Mecklenburger und Lübecker Adel, um unverheiratete Töchter

Der „Bernsteinfischer"-Brunnen ist Treffpunkt auf dem Marktplatz

Das ehemalige Kloster Ribnitz wird heute vielfältig genutzt

dort unterzubringen. Es diente später sozusagen als Hauskloster des mecklenburgischen Herzogshauses. Bis zur Aufhebung standen allein sechs Herzoginnen dem Kloster als Äbtissinnen vor. **Äbtissin Ursula zu Mecklenburg** zögerte die Reformation und somit Säkularisierung des Konvents bis 1586 hinaus. Dann jedoch wurde die Anlage der Ritterschaft als **evangelisches Damenstift** übergeben. Zwölf unverheiratete adlige Damen – später durch eine spezielle Vereinbarung auch je zwei Töchter Rostocker Ratsherren – fanden hier Aufnahme und erhielten eine kleine Wohnung und eine Präbende, eine kleine Rente. Nachdem die Stifte 1918 verstaatlicht worden waren, musste auch das Adlige Fräuleinstift von Ribnitz 1920 aufgelöst werden. Die Frauen mit bestätigter Anwartschaft blieben jedoch hier wohnen, als letzte Konventualin und Stiftsvorsteherin starb 1961 **Olga von Oertzen.**

Bereits 1945 wurden einige Räume in den Wohnungen als **Museum für Stadtgeschichte** genutzt. 1963 entstand ein Bernsteinzimmer, zwölf Jahre später firmierte die gesamte Sammlung unter dem Namen **Bernsteinmuseum**, die Ausstellung wurde inhaltlich und räumlich stetig erweitert. Mit Abschluss der Sanierungsarbeiten an den alten Klostergebäuden wurde 2010 auch die **Klosterkirche** wieder für Besucher geöffnet und ist über das Museum zugänglich.

Das Deutsche Bernsteinmuseum verfügt heute über eine umfangreiche **Ausstellung auf drei Etagen** in **zwei verbundenen Gebäuden.** Hier erlebt der Besucher die Entstehung und Verwendung von Bernstein. Während im Erdgeschoss beleuchtet wird, wie das fossile Harz in der südlichen Ostsee zu Bernstein wurde und durch eiszeitliche Verwerfungen in die ganze Welt gelangte, zeigen die oberen Geschosse, wie vielfältig das Material in Kunst, Handel und täglichem Leben verwendet wurde. Zusätzlich sind eine **Schauwerkstatt**, ein gut sortierter **Shop** und ein **Café** (s. S. 74) vorhanden. Im Obergeschoss werden wechselnde Schauen zu heimatgeschichtlichen Themen gezeigt. In der Klosterkirche sind die hölzerne Nonnenempore, die wertvollen **Ribnitzer Madonnen,** Holzbildwerke aus den Altären der Klosterkirche, und zahlreiche Epitaphien zu sehen.

051fd-tm

› Im Kloster 1–2, Tel. 03821 4622, www.deutsches-bernsteinmuseum.de, geöffnet: April–Okt. tgl. 9.30–18 Uhr, Nov.–März Di.–So. 9.30–17 Uhr, Eintritt: Erw. 10 €, Kinder 4–16 Jahre 5 €, Familienkarte 22 €, Zugang zur Klosterkirche samt Ausstellungen inklusive, nur Klosterkirche 3,50 €

■ **Galerie im Kloster** <058> Im Kloster 9, Tel. 03821 4701, www.galerie-ribnitz.de, geöffnet: Di.–Sa. 11–17 Uhr, Nov.–Jan. Mi.–Sa. 11–17 Uhr

31 Rostocker Tor ★ [S. 68]

Erreicht man die Stadt von Westen her, führt die Straße am Rostocker Tor vorbei ins Zentrum. Das **spätgotische Stadttor** mit seinen Blendbogenverzierungen aus dem 15. Jh. ist als einziges von ehemals fünf Stadttoren erhalten geblieben. Die Stadtbefestigung wurde im 19. Jh. zu **Parkanlagen** umgestaltet, vom Rostocker Tor kann man durch die Stadtwiesen zum Klosterhof spazieren.

052fd-tm

32 Ortsteil Damgarten ★ [C7]

Das 1258 gegründete Damgarten auf der **östlichen Seite der Recknitz** war die meiste Zeit eher Rivale als guter Nachbar von Ribnitz. Die Grenze zwischen Pommern und Mecklenburg verlief zwischen beiden Orten. Kriege und Konflikte, z. B. 1807, als Major Schill hier gegen mecklenburgisch-napoleonische Truppen kämpfte, fügten der Stadt immer wieder Schaden zu. Um 1762 begann die Erfolgsgeschichte der **Dierlingschen Werft.** In rund 120 Jahren wurden über 120 Schiffe in Damgarten gebaut. Zudem entstand eine **Glashütte.** Auch Damgarten erhielt 1888 Anschluss an das Eisenbahnnetz. Im 20. Jh. waren die Geschicke von der nahe gelegenen Militärbasis geprägt.

Sehenswert ist die kleine **Stadtkirche St. Bartholomäus** und die an der Bundestraße B 105 gelegene **Schaumanufaktur Ostsee-Schmuck** (s. S. 73) mit Bernsteinausstellung und -verkauf.

33 Technikmuseum Pütnitz ★★ [B6]

Nur wenige Kilometer von Damgarten 32 entfernt liegt die **Halbinsel Pütnitz** mit dem Technikmuseum. Einstmals ein Gutsbezirk, wurde das Areal 1935 vom Reichsluftfahrtministerium als **Fliegerhorst mit Seefliegerschule** eingerichtet. Auch Teile der **Rüstungsindustrie** der Flugzeugbauer Heinkel und Bachmann waren hier bis 1945 untergebracht. Die erhaltenen Hangars aus dieser Zeit stehen heute unter Denkmalschutz. Nach dem Zweiten Weltkrieg nutzte die **Rote Armee** Pütnitz als Militärobjekt. Von 1952 bis 1994 dienten

◁ Das Rostocker Tor markiert das westliche Ende der Altstadt

Bernstein erleben und erwerben in Ribnitz-Damgarten

Das „Gold der Ostsee“ lockt Besucher in Ribnitz-Damgarten (28) an unzähligen Stellen und in vielen Varianten. Die südliche Ostsee ist Bernsteinentstehungs- und Ablagerungsstätte. Das fossile Harz wird nach Stürmen an die Küste gespült und von Spaziergängern mit geübtem Auge und etwas Glück zwischen Seegras und Holz erspäht.

Da man schon früh erkannte, dass das fossile Harz im Feuer langsam und mit aromatischem Duft verbrennt, wurde es auch Brennstein genannt. Erst später wurde durch eine Lautverschiebung daraus der Bernstein. Die Verarbeitung von Bernstein hat in der Region eine lange Tradition. Bereits 1932 stellte Goldschmiedemeister Walter Kramer den sogenannten Fischlandschmuck mit maritimen Motiven her. Nach 1945 kamen Arbeiter und Künstler aus den großen Königsberger Manufakturen als Vertriebene nach Ribnitz und bauten eine neue Werkstatt auf. Diese wurde 1948 als VEB Ostseeschmuck verstaatlicht und bald zum größten Schmuckproduzenten der DDR.

Alles über Herkunft und Verwendung des Bernsteins erfährt man auf drei Etagen im Deutschen Bernsteinmuseum im Kloster Ribnitz (30). Im Museumsshop werden neben Schmuck auch Souvenirs wie z.B. aromatische Bernsteinseife angeboten. Wer nach außergewöhnlichen Schmuckstücken sucht, geht zur Bernstein Galerie E unweit des Museums. Auf dem Marktplatz (29) illustriert der „Bernsteinfischer“-Brunnen, wie die Einheimischen nach Sturmnächten am Strand auf „Goldsuche“ gingen. Im Bernsteinmuseum (30) und in der Schaumanufaktur Ostsee-Schmuck im Ortsteil Damgarten (32) kann man den Experten über die Schulter schauen und findet zwischen den Dekorations- und Schmuckobjekten bestimmt etwas Passendes.

- **Bernstein Galerie E** <059> Neue Klosterstr. 8, Tel. 03821 815261, www.bernstein-galerie.de, geöffnet: Mo.–Fr. 10–18, Sa. 10–14 Uhr (Juni–Aug. bis 16 Uhr)
- **Schaumanufaktur Ostsee-Schmuck** <060> An der Mühle 30, Tel. 03821 88580, https://www.ostseeschmuck.de/schaumanufaktur.html, geöffnet: Mo.–Sa. 9.30–16 Uhr, Eintritt frei. Auch ein Onlineshop ist vorhanden.

hier rund 7000 Angehörige der Roten Armee in einer Gardefliegergarnison mit Jagdfliegerregiment.

Das Gelände wird seit dem Abzug der Soldaten vom **Technikverein Pütnitz** genutzt. Der Verein stellt hier in den alten Hangars und Baracken **militärische und zivile Fahrzeuge aus der DDR und dem Ostblock** aus, u.a. sowjetische Kettenfahrzeuge, ostdeutsche Privat- sowie Rettungs- oder Behördenfahrzeuge. Wer möchte, kann einen Bus, Lkw oder gar Panzer **selbst fahren.** Über das Jahr verteilt gibt es beliebte Veranstaltungen wie das **Ostblock-Fahrzeugtreffen** (s. S. 97).

› Flugplatzallee, Tel. 0170 2235850, https://technikmuseum-puetnitz.de, geöffnet: Ostern Sa.–Mo. 10–16 Uhr, Mai., Sept. Mi.–So. 10–16 Uhr, Juni–Aug. tgl. 10–16 Uhr, Okt. Sa./So. 10–16 Uhr, Eintritt: Erw. 9 €, Kinder 7–16 Jahre 4 €, bei Veranstaltungen 10 €/5 €

053fd-tm

Infos und Reisetipps

› **Parken:** Parkmöglichkeiten bestehen in Ribnitz-Damgarten rund um den Marktplatz (29) und am Hafen. Am Boddenhafen stehen Großparkplätze zur Verfügung. Der Parkplatz Gänsewiese ist gebührenfrei, jedoch ca. 10–15 Min. Fußweg vom Zentrum entfernt. Die Parkplätze Hafen Ribnitz und Markt sind gebührenpflichtig.

■ **Tourist-Information Ribnitz-Damgarten** <061> Am Markt 14, Tel. 03821 2201, www.ribnitz-damgarten.de (unter „Urlaub und Freizeit"/„Tourist-Information"), geöffnet: Mai–Sept. Mo.–Fr. 10–18, Sa. 10–15, So. 10–14 Uhr, Okt.–April Mo.–Fr. 10–12 u. 13–16, Do. bis 18 Uhr. Zentral gelegene und ausgezeichnet ausgestattete Informationsstelle. Neben umfangreichem Prospektmaterial sind auch Karten für Veranstaltungen sowie Führungen und kleine Souvenirs erhältlich.

Essen und Trinken

› **Café im Bernsteinmuseum** (30), www.deutsches-bernsteinmuseum.de/shop-und-cafe.html, geöffnet: April–Okt. tgl. 10–18 Uhr, Nov.–März Di.–So. 10–17 Uhr. Das einladende Café zum Innenhof des Klosterareals bietet eine schöne Aussicht durch die Rundum-Verglasung und besitzt auch Plätze im Garten. Es gibt Kuchen und kleine Tagesgerichte. Der Zugang zum Café ist auch ohne Eintrittskarte für das Museum möglich.

■ **Ribnitzer Fischhafen** €€ <062> Am See 40, Tel. 03821 39070, www.fischhafen.de, geöffnet: tgl. 11–21 Uhr. Das populäre Fischrestaurant mit Frischfischverkauf befindet sich mitten im Ribnitzer Hafen. Die Speisekarte umfasst Klassiker und moderne Interpretationen überwiegend von heimischem Fang. Die Terrasse eignet sich auch wunderbar für einen Nachmittagskaffee oder einen abendlichen Drink.

Einkaufen

■ **Fleischerei Käding** <063> Gänsestr. 14, Tel. 03821 2963, www.fleischerei-kaeding.de, geöffnet: Di., Do./Fr. 8–18, Mi. 9–12.30 Uhr, Sa. 8–12 Uhr. Traditionsbetrieb aus dem nahe gelegenen Bad Sülze von überregionalem Ruf. Offeriert werden Produkte aus eigener Herstellung mit ausgezeichneter Qualität. Vieles ist haltbar und eignet sich als Mitbringsel. Tipp: Sanddornleberwurst im Glas.

› **Zum Honigdieb Hofladen** <064> Bäderstr. 6 a, Ribnitz-Damgarten, OT Klockenhagen, Tel. 03821 706737, www.vom-honigdieb.de, geöffnet: Mo.–Sa. 10–16.30 Uhr, Juni–Sept. oft länger geöffnet. Alles rund um das Naturprodukt Honig gibt es bei der Imkerei mit eigenem Hotel und Hofladen an der Zufahrt zur Halbinsel. Honig mit verschiedenen Zusätzen, Pollen, Propolis und Gelée royale bilden den Schwerpunkt, aber es werden auch Produkte regionaler Partner verkauft, z. B. Salze, Sanddornspezialitäten sowie Käse- und Wurstwaren.

Leckere Fischspezialitäten kann man sich im Ribnitzer Hafen schmecken lassen

FISCHLAND-DARSS-ZINGST AKTIV

080fd-tm

Baden

Die Halbinsel ist ein **wahres Badeparadies.** Man hat die Wahl zwischen vielen Stränden und zwei verschiedenen Küsten bzw. Gewässerformen: **Kilometerlange, breite Strände** mit feinem, weichem Sand locken auf der **Ostseeseite.** Auf der **Boddenseite** gibt es dagegen weniger Badestellen, dafür ist das Wasser dort schön **warm und seicht.** Von Dierhagen 1 bis Wustrow 2 ist der Strand breit und sandig. Danach folgt auf ca. 1,5 km die **Steilküste,** die bis Ahrenshoop 4 verläuft. Der Strand ist hier zum Teil recht schmal und Zugänge sind wegen des hohen Ufers rar. Hinter Ahrenshoop erstrecken sich wieder lange Sandstrände, die fließend in den berühmten **Weststrand** [C1–2] übergehen. Dieser reicht bis zum **Darßer Ort** 17.

An der **Nordspitze des Darß** ist das **Baden aufgrund der Lage im Nationalpark verboten.** Doch kurz vor Prerow 13 beginnt schon der fast 15 km lange **Nordstrand** [E2], der sich bis Zingst 18 mit feinstem, weißem Sand präsentiert. Einige Kilometer hinter Zingst geht er in die Kernzone des Nationalparks über. In diesen besonders **geschützten Gebieten des Nationalparks** sind die **Strände für Besucher gesperrt** und Schilder weisen darauf hin, die Verletzlichkeit der Natur zu respektieren.

Viele Gäste, besonders **Familien** mit kleinen Kindern, bevorzugen **Strände in den Urlaubsorten.** Sie schätzen die gute Infrastruktur mit WCs, Imbissen, Sportangeboten und Rettungsschwimmern. Hier herrscht oft richtiger Trubel und die Sonnenbadenden liegen dicht an dicht. Der **Weststrand** lockt dagegen eher **Ruhesuchende** und Naturfreunde. Verpflegung muss man hier selbst mitbringen und auch den Müll wieder mitnehmen. Diese Strandbereiche sind nicht bewacht. Es gibt auch **keine Parkplätze** in der Nähe, sondern nur Abstellmöglichkeiten für Fahrräder, da man lediglich zu Fuß oder mit dem Rad hierher gelangt.

Am **Bodden** findet man eher Badestellen als richtige Strände. **Wieck** 12 hat einen hübschen kleinen Sandstrand am Hafen und ist damit eher die Ausnahme. Die Ufer sind verschilft und laden nicht überall zum Baden ein. Am Campingplatz in **Born** 8 gibt es eine Bademöglichkeit und vor allem einen Zugang für Surfer und Kiter (s. S. 79).

Das Wasser erwärmt sich im flachen Bodden meist schneller als in der Ostsee und erreicht im Sommer durchschnittlich 20 °C. An der Ostseeküste liegt die **Wassertemperatur** im Juni meist schon um die 16 °C und erreicht im Hochsommer im August ca. 18 °C. Das gilt auch als Idealtemperatur für die Ostsee. In den zuletzt sehr heißen Sommern kletterten die Temperaturen örtlich auch mal über 25 °C. Je nach Windstärke und -richtung können gelegentlich **Algen und Quallen** an den Strand getrieben werden, was nicht jeder Badegast mag. Die **Wasserqualität** ist im Allgemeinen gut. Die wichtigsten Strände werden regelmäßig untersucht, gegebenenfalls wird vor Blaualgen oder Vibrionen öffentlich gewarnt. Die **Blaue Flagge** kennzeichnet gute und sichere Badebedingungen. Dieses internationale Qualitätsprädikat weht an den Hauptstränden aller Ostseebäder der Halbinselkette.

‹ Vorseite: Rundwanderweg durch die Dünen am Darßer Ort 17

055fd-tm

Die **Hauptstrände** rund um die Seebrücken werden von **DLRG** bzw. **DRK** (in Zingst) bewacht. Die DLRG sorgt mit ihrem ehrenamtlichen Personal für die Sicherheit der Badegäste. An den **Rettungstürmen** sind Informationen zu Luft- und Wassertemperatur, Badeverboten und Erste Hilfe angebracht.

Dort findet man auch **Strandkorbvermieter**, öffentliche **Toiletten**, Geschäfte und Restaurants. Wer seinen Strandkorb oder sein Badetuch nicht verlassen möchte, für den ist das Angebot der **mobilen Snackverkäufer** genau das Richtige. Im näheren Umfeld der Ortszentren sind WCs in regelmäßigen Abständen verfügbar. **Sportaktivitäten** werden meist etwas abseits der Hauptstrandzugänge angeboten.

Nach wie vor sind für Anhänger der Freikörperkultur **FKK-Strände** vorhanden, wenn auch nicht direkt im Zentrum der Seebäder, denn häufig sind die FKK-Abschnitte heute an den Ortsrand gerückt. Besonders Prerow war und ist ein Mekka der Hüllenlosen. Schilder weisen darauf hin, ob Textil oder FKK erwünscht ist. Mittlerweile gehen die Bereiche aber auch fließend ineinander über.

In der Urlaubssaison von Mai bis September sind **Hunde** nur an ausgewiesenen Abschnitten zugelassen, es gilt auch auf der Strandpromenade Leinenzwang. An allen Hauptstränden gibt es spezielle Abschnitte, wo mit Hund gebadet werden kann.

Reiter dürfen die Strände zwischen Oktober und April nutzen.

Die **Sicherheit** ist an allen Stränden hoch einzuschätzen. Auf Wertgegenstände sollte man wie überall in der Öffentlichkeit achtgeben.

Das **Rauchen** am Strand wird generell toleriert. Bei den Strandkorbvermietern gibt es spezielle Aschenbecher für den Strand.

Einmalig schön: in Zingst (18) die Abendsonne vor Wind geschützt im Strandkorb genießen

Unsere Top-3-Strände

Die Bewertung der Strände erfolgt unter den Aspekten der Zugänglichkeit, dem Service und der Einzigartigkeit.

- **Nordstrand** [E2] **von Prerow**: 5 km langer und 80 m breiter, bewachter Sandstrand zwischen Campingplatz Regenbogen (s. S. 130) und Übergang zum Zingst. Sportstrand mit Spiel und Spaß, Beach Kids Camp für Urlaubskinder, WCs, Strandkorbverleih und FKK-Bereichen. Ideale Bedingungen für alle.
- **Strand von Dierhagen** [A6]: 7 km langer und 30 m breiter steinfreier Strand zwischen Dierhagen und Wustrow, bewacht durch DLRG. Gastronomie und Strandkorbverleih am Plateau in Dierhagen, WCs, Strandversorgung und FKK-Bereiche. Alles vorhanden für einen schönen Strandtag und etwas ruhiger, da weniger bekannt als Prerow oder Zingst.
- **Weststrand** [C1–2]: Naturstrand zwischen Ahrenshoop und Darßer Ort. Ungestörtes Naturerlebnis, aber keine Bewachung und keine Infrastruktur. Zugang nur für Fußgänger und Radfahrer. Ein besonderes Naturerlebnis für alle, die auf Sport und Action sowie Eiscremeverkauf verzichten können.

056fd-tm

Wassersport

Wassersport erfreut sich auch auf Fischland-Darß-Zingst zunehmender Beliebtheit. 60 km Sandstrand auf der Ostseeseite und **günstige Windverhältnisse** auf der Boddenseite bieten hervorragende Möglichkeiten für viele verschiedene Sportarten. Einige Areale sind jedoch als Teil des Nationalparks gesperrt, auch Surfer und Kiter sollten dies respektieren.

Wellenreiten, Wind- und Kitesurfen

Die **flach abfallenden Strände** mit Sandbänken und Nehrungen sind ideal zum Windsurfen und Wellenreiten, sowohl für Anfänger als auch für Profis. Schon zu DDR-Zeiten waren die **Bodden** ein beliebtes Revier für Stehbrettsegler. So wurde der Surfsport in sozialistischer Manier betitelt. Die Bedingungen sind günstig und die Kosten moderat. Die flachen Ufer bilden gute Stehreviere und oft kann man im Schatten einer Sandbank oder Landzunge trainieren. Besonders der **Saaler Bodden** [C4–B5] ist bestens geeignet zum Surfen, Kiten und **SUP (Stand-up-Paddeln).** Lange Sandstrände an der Ostsee erlauben es Profis, größere Strecken zu surfen. Aufgrund der Beschaffenheit der Küste sind **große Wellen** eher die **Ausnahme** und nur bei passendem Wind bauen sich Wellen von 2–3 m Höhe auf. Daher sind in der Region eher **Windsurfer** und nur **wenige Wellenreiter** anzutreffen.

Ideale Bedingungen für Windsurfer: Das Wassersportzentrum Zingst (s. S. 79) offeriert auch Schnupperkurse für Anfänger

Die meisten **Surfspots** liegen im Umfeld der **Campingplätze** – so lassen sich Sport und Übernachtung ohne lange Wege verbinden. Tagesgäste können meist gegen eine kleine Gebühr für den Zutritt zum Campingplatz hier surfen. Oft gibt es auch einen Parkplatz in der Nähe und es fällt lediglich die Parkgebühr an. Jedoch muss man bisweilen bis zu 500 m Fußweg zurücklegen, um vom Parkplatz zum Ufer zu gelangen.

Schilder am Strand weisen darauf hin, dass sich die **Schutzzonen des Nationalparks** auch über die Gewässer erstrecken und diese Gebiete somit auch für Wassersportler gesperrt sind.

An vielen Stränden, meist zentral in den großen Ostseebädern, werden **Surfkurse** angeboten und man kann SUP erlernen. **Kitesurfer** trainieren vor allem an den **Boddengewässern.** Die Windbedingungen sind hier gut und auch für Anfänger ideal. Die bunten Drachen in der Luft sind besonders vor Wustrow 2 ein alltägliches Bild.

Mehr Infos zu guten **Surfspots** liefert diese Website:

› www.spotnetz.de/Fischland_Darss

Beliebte Surfreviere

› **Born (Saaler Bodden)** [C4]: Stehrevier mit flachem Wasser und günstigen Winden, ideal zum Erlernen und Trainieren. Beste Bedingungen bei Wind aus Südwest.

› **Prerow (Ostsee)** [D2]: Revier für alle Ansprüche, geschützt durch eine Landzunge. Je nach Windrichtung gute Möglichkeiten für Freerides. Bei Nord-Nordost ideal zum Wellenreiten.

› **Wustrow (Ostsee)** [B4]: exzellentes Wellenrevier mit einer vorgelagerten Sandbank als Stehrevier. Wind aus Südwest bis Nordwest und Nord. Bei Westwind auch 2–3 m hohe Wellen möglich.

Anbieter

› **Kitesurf & Kanu Born** <065> Nordstr. 86, Campingplatz Regenbogen, Tel. 038234 55582, www.kiten-lernen.de. Die Kurse finden auf dem Areal des Campingplatzes statt, so kann ein mehrtägiger Lehrgang mit günstigen Übernachtungen kombiniert werden. Angeboten werden Surf-, Kite- und SUP-Kurse inklusive Miete des Equipments. Auch Kajaks für Paddeltouren stehen zur Verfügung.

› **Surfcenter Wustrow** <066> An der Nebelstation, Tel. 038220 80250, www.surfcenter-wustrow.de. Die seit 1990 etablierte Surfschule bietet Kurse für Wind- und Kitesurfer, Wellenreiter und Stand-up-Paddler an. Equipment ist vorhanden und kann auch ohne Kursteilnahme geliehen und gekauft werden. Wer möchte, mietet sich hier einen Saisonstellplatz für Wohnwagen oder Pkw. An der Beachbar tauschen sich Profis und Neulinge aus.

■ **Wassersportzentrum Zingst** <067> Straminke, Strandübergang 14, Tel. 038232 20869 (Okt.–April nur per Mail erreichbar), www.die-surfschule.de, www.kite-club.com. Kaum zu übersehen sind die aufgereihten Surfbretter an der Straße nach Müggenburg. Mit einem Parkplatz und kleinem Campingplatz sowie Imbiss und Strandbar sind die Bedingungen ideal für alle, die im Urlaub Surfen und SUP betreiben oder erlernen möchten. Die Schulungen sind als Tageskurs oder Wochencamp buchbar. Für Kitesurfer sind ebenfalls Angebote vorhanden.

Segeln und Bootfahren

Besonders die **flachen, geschützten Boddengewässer** eignen sich hervorragend, um das Segeln zu erlernen. Anfänger können u. a. in Wustrow Segelkurse buchen.

Die Möglichkeiten für **Bootstouren** sind vielfältig. Für Segler bestehen sowohl auf der Ostsee als auch in den Boddengewässern gute Bedingungen. Der **Startpunkt** muss jedoch bis auf Weiteres immer **im Bodden** sein, da sich nur dort Marinas befinden. In Prerow entsteht derzeit, ostseeseitig bei der Seebrücke, ein Hafen als Ersatz für den **Nothafen Darßer Ort** [D1]. Die Eröffnung ist für Ende 2023 vorgesehen.

In Ribnitz 28, Barth 23, Althagen und Born 8 befinden sich ausgezeichnete **Sportboothäfen** und **Wasserwanderrastplätze.** Vom Bodden in die Ostsee ist der Weg durchaus lang, denn die 15 km lange Spitze des Zingst muss umrundet werden. Zu beachten sind auch die **Öffnungszeiten der Meiningenbrücke** (s. S. 114). Die geschützten Inseln und Windwatte sind nicht zum Ankern vorgesehen.

Zu den Tücken von See- und Boddenrevieren gehören **flache Stellen, Riffe** und **wechselnde Winde.** Vor dem Darß kommen bei schlechtem Wetter mitunter auch erfahrene Skipper in Nöte. Der nächste Hafen in der Ostsee ist weit entfernt, in Barhöft. Auf dem Bodden sollten sich alle Wassersportler an das markierte Fahrwasser halten. In den **Kernzonen des Nationalparks** in Ufernähe zu kreuzen, ist streng **verboten.**

Wer die unberührte Natur hautnah erleben möchte, kann eine **Seekajaktour** buchen, angeboten beispielsweise von Darßtour (s. S. 125). Wer eine Fahrt auf dem Wasser genießen möchte, ohne selbst Hand anzulegen, kann eine **Fahrt mit dem Zeesboot** unternehmen. Diese werden regelmäßig in den meisten Boddenhäfen angeboten (Details und Veranstalter s. S. 66).

› **Binsegeln Yachtcharter,** Am Wasserturm 8, Ribnitz-Damgarten, Tel. 015156927266 (Kontakt per E-Mail oder Whatsapp bevorzugt), https://binsegeln.de. Es werden Segeljachten verschiedener Größe zum mehrtägigen Charter angeboten. Die Website bietet auch Törnberichte und Informationen zu den Häfen.

› **Fischländer Segelschule** <068> Hafenstr. 10, Wustrow, Tel. 0171 3277290, www.aufs-wasser.com. Im Boddenhafen Wustrow bietet die zertifizierte Schule seit 25 Jahren Kurse im Jollen- und Jachtsegeln für Erwachsene und Kinder an. Auch den Sportbootführerschein kann man hier machen. Ferner lassen sich verschiedene Bootstypen ausleihen.

■ **Wassersportschule Darss** <069> Bernsteinweg 4–8, Prerow, Tel. 038233 69494, www.wassersportschule-darss.de. In der Prerow-Bucht wird neben Surfkursen (Wind- und Wingsurfen) auch die Ausbildung im Katamaran-Segeln angeboten. Erwachsene können Anfänger- und Auffrischungskurse belegen. Für Kinder ab 8 Jahren stehen Surfkurse zur Wahl. SUP-Boards und Kajaks können ebenfalls gemietet werden.

Wasserski

› **Körks Strandarena** <070> Körkwitz, Am Bernsteinsee 1, Tel. 03821 7096948, www.koerks.de. Hier kann Wasserskifahren (Wasserskiseilbahn) und Wakeboarding unter fachkundiger Anleitung betrieben werden. Im Obstacle Fun Park können sich kleine und große Boarder austoben. Außerdem stehen Adventure Golf und Beachvolleyball auf dem Programm. Gastronomie ebenfalls vorhanden.

Der Darß-Wandertag im September bietet Touren für Groß und Klein durch Dünen und Wald

Wandern

Ob passionierter Wanderer oder auch nur ambitionierter Spaziergänger: Auf Fischland-Darß-Zingst findet jeder sehr gute Bedingungen vor. Die Region besticht durch unberührte, vielfältige Natur, ein mildes Klima und eine gute Infrastruktur. Auf dem **Fischland** wandert man zwischen Bodden und Ostsee durch Wiesen und entlang der Steilküste. Der **Darß** ist ein Waldwanderrevier, bietet mit dem Rundwanderweg Darßer Ort aber auch Wandermöglichkeiten in der Dünenlandschaft. Auf dem **Zingst** finden sich die meisten Wege auf dem Küstendeich, u. a. nach Pramort 22.

Die **Wege** sind gut ausgebaut und in der Regel mit Hinweisen auf die nächsten Orte, Kreuzungen oder Namen der Wege beschildert. Besonders im **Darßwald** [D2] wurde in den vergangenen Jahren eine umfangreiche Beschilderung angebracht. Wanderrouten sind anhand der **rot-weißen Markierungen** erkennbar.

Oft teilt man sich die Wege mit **Radfahrern,** was durchaus zu Missverständnissen führen kann und erhöhte Aufmerksamkeit erfordert.

Neben **gut befestigten Sandwegen** finden sich Strecken mit Betonplatten, Schotter oder Asphalt. Am Boddenufer, z. B. zwischen Wustrow 2 und Althagen [B4], kommen auch **Trampelpfade** vor. Man spaziert durch Wiesen, Wälder, auf Deichen und an der Küste entlang.

Bänke und **Schutzhütten** sind unterwegs meist vorhanden und die Entfernung zum nächsten Ort ist überschaubar, sodass eine Toilette oder Einkehrmöglichkeit relativ schnell erreicht ist. Nur für eine ausgedehnte Tour im Nationalpark, besonders im Darßwald oder auf Zingst nach Pramort, sollte **Proviant** mitgenommen werden. Dort sind an einigen Stellen zwar WCs, aber keine Gastronomie vorhanden. Auf den Wanderwegen des Zingst geht man oft ohne schützende Schattenspender. Eine **Kopfbedeckung und Sonnenbrille** sollten daher im Gepäck sein. Ansonsten wird empfohlen, eine leichte Jacke für Wetterwechsel mitzuführen und vielleicht Badesachen für den Strand, denn wer in der Nähe des Weststrands oder an der Steilküste wandert, kommt sicher in Versuchung, eine Badepause oder Rast am Strand einzulegen. Die Abdeckung der Mobilfunknetze ist eher mäßig und es kann passieren, dass das **Handy** keinen Empfang hat.

057fd-tm

Die Wege sind auch für **Jogger und Läufer** gut geeignet. Mit dem **Darß-Marathon** (s. S. 96) im April, dem **Prerower Fackellauf** im August und dem **Nationalparklauf** im Oktober wird der Beliebtheit von Laufwettbewerben für jedermann Rechnung getragen. 2019 wurde mit dem **Darß-Wandertag** eine neue Tradition begründet. Die Veranstalter bieten drei unterschiedlich lange Strecken durch die Natur an und hoffen, auf diese Weise im September mehr Wanderfreudige nach Wieck 12 zu locken:

› www.darss-wandertag.de

Besonders interessant sind Wanderungen zu Naturschauspielen wie dem **Kranichzug** oder der **Hirschbrunft** (beide s. S. 109) und Führungen mit den Rangern des Nationalparks.

Einen Überblick zu interessanten **Wanderrouten** ohne Führung bietet die offizielle Website des Tourismusverbands:

- www.fischland-darss-zingst.de/aktivitaeten/aktiv-in-der-natur/wandern-und-walken

Geführte Wanderungen

Die Auswahl an geführten Wanderungen ist groß. Die **Kurverwaltungen** aller Urlaubsorte bieten sie regelmäßig an, beispielsweise die Tourismusinformation im Kurhaus Zingst (s. S. 55). Häufig sind sie thematisch und jahreszeitlich orientiert.

Der **Nationalpark Vorpommersche Boddenlandschaft** bietet ebenfalls **Exkursionen mit den Rangern** an. Auf seiner Website beschreibt er umfangreich die Möglichkeiten, sich aktiv zu betätigen, und die dabei zu beachtenden Regeln. Führungstermine werden ebenfalls aufgelistet.

- www.zingst.de/veranstaltungen/naturfuehrungen
- www.nationalpark-vorpommersche-boddenlandschaft.de/service/downloads-publikationen

Fastenwandern

Die Region wird immer mehr zum Ziel für **Gesundheitstourismus.** Besonders beliebt ist das Fastenwandern geworden. Viele Hotels haben sich auf Gäste eingestellt, die sich für Heilfasten oder Basenkuren interessieren. Die schöne Natur bietet abwechslungsreiche Wanderrouten.

- **Darß-Fastenwandern,** im Haus Seeadler, Grüne Str. 64, Prerow, Tel. 038233 6130, www.darss-fastenwandern.de. Angebote für Fastenwochen mit Fastenwandern oder Basenfasten-Radwandern. Der Anbieter stellt auch die Unterkunft im Haus Seeadler.
- **Fastenwandern Ahrenshoop** ✿, im Landhaus Esperort, Althäger Str. 14, Ahrenshoop, Tel. 038220 664700, www.fastenwandern-ahrenshoop.de. Es wird Fasten in kleinen Gruppen von 15 bis 19 Personen unter Anleitung einer Heilpraktikerin angeboten. Verpflegung in Bioqualität. Individuelle Angebote für Neulinge und Erfahrene sowie feste Kurstermine für Wochenseminare.

Wanderung 1: Nationalparktour durch den Darßwald zum Darßer Ort

Die Wanderung durch den **Darßwald** zum **Darßer Ort** (17) beginnt an der **Endhaltestelle der Darssbahn.** Auf einem **Betonplattenweg** geht es durch den Wald. Einen Abstecher wert ist der **Nothafen Darßer Ort** [D1], den man rechts abbiegend nach ca. 300 m erreicht. Dort gibt es einen Strandzugang und es bietet sich eine **schöne Aussicht** auf den kleinen Hafen.

Alternativ setzt man vom Abzweig zum Nothafen direkt den Weg fort und erreicht nach ca. 100 m auf dem **Betonplattenweg** einen **Fahrradparkplatz.** Rechts beginnt nun der **Rundwanderweg zum Leuchtturm.** Nach einem reizvollen Wechsel zwischen Wald-, Dünen- und Schilflandschaft auf Sand oder erhöhten Holzstegen gelangt man zu einer kleinen **Brücke mit Holzbänken.** Bis hierher hat man ca. 2,5 km zurückgelegt. An dieser Stelle besteht die Möglichkeit, die Wanderung abzukürzen, indem man den links abzweigenden Weg wählt,

⌃ *Unberührte Natur und ein Blick ins Weite am Darßer Nothafen [D1]*

um den Leuchtturm nach 1 km direkt zu erreichen.

Alle anderen wandern an der Brücke geradeaus weiter, dann sind es noch 3,6 km bis zum Leuchtturm. Ein **Bohlenweg** führt zunächst durch eine mit Schilf bestandene Ebene. Im Sommer kreuzen Libellen den Weg oder man hört vielleicht in der Nähe Wildschweine rascheln und grunzen. Nach dem Bohlenweg folgt ein **Sandweg** durch eine Wiese mit einem **schönen Aussichtspunkt**, der einen Blick über die Landschaft zum Nothafen gewährt.

Nach weiteren 10 Min. erreicht man den nördlichsten Punkt der Wanderung. Hier steht ein offener **Aussichtsturm** mit kleinem **Rastplatz.** Man blickt auf eine Mischung aus Dünen, Strand und kleinen Wasserflächen. Im Herbst lassen sich an dieser Stelle oft Rothirsche beobachten. Nun geht es in südwestlicher Richtung weiter. Wer möchte, zieht auf dem folgenden Abschnitt im Sommer die Schuhe aus, denn der Sand ist weich und auf den Bohlenwegen, die

Routenverlauf im Inselplan

Die hier beschriebenen Wanderungen sind mit farbigen Linien im Inselplan eingezeichnet.

- **Charakter:** leicht zu bewältigende Strecke ohne Anstieg, verschiedene Untergründe
- **Ausgangs- und Endpunkt:** Darssbahn-Haltestelle Nothafen (Endstation) [D1]
- **Länge:** 8,5 km
- **Dauer:** 2 Std.
- **Einkehr:** Gastronomie im Natureum (s. S. 48) am Darßer Ort 17
- **Anfahrt und Parken:** Die letzte Parkmöglichkeit für Autofahrer besteht am Ende des Bernsteinwegs/Campingplatz Regenbogen (s. S. 130), von dort ca. 1,5 km Fußweg bis zum Nothafen oder zwei Stationen mit der Darssbahn. Mit dem Fahrrad fährt man den Bernstein- und Regenbogenweg entlang, Abstellmöglichkeiten an der Endstation vorhanden. Wer will, fährt bereits ab dem Hafen von Prerow 13 mit der Darssbahn (Fahrzeit 25 Min.).
- **Alternativstrecke für den Rückweg:** Vom Leuchtturm Darßer Ort folgt man nicht dem Rundwanderweg, sondern geht in Richtung (Süd-)Osten. Hier führt der auch von den Kutschen befahrene Fernwanderweg E9 (Leuchtturmweg) durch den Darßwald zurück nach Prerow, wo man die Kreuzung Bernsteinweg/ Waldstraße erreicht.

an einigen Stellen den Weg durch die Weißdünenfelder ermöglichen, läuft es sich barfuß ebenfalls gut.

Nach einiger Zeit endet der Pfad am **Ostseestrand.** Hier, an der **Grenze zur Kernzone des Nationalparks,** kann man nur in südliche Richtung weitergehen. Ein Schild und ein Zaun weisen darauf hin, dass der Bereich nördlich des Strandzugangs nicht betreten werden darf. Der Rest der Strecke, ca. 500 m, wird als **Strandspaziergang** zurückgelegt.

Am **Leuchtturm Darßer Ort** angekommen, gibt es viele Optionen für eine kleine Pause oder aber einen längeren Aufenthalt. Der breite, weiße Sandstrand lädt zu einem **Sonnenbad** ein und im **Natureum** (s. S. 48) wartet eine interessante Ausstellung zu Flora und Fauna in diesem einzigartigen Gebiet, auch ein **Café** gibt es für Besucher der Ausstellung. Die **Aussicht** vom Leuchtturm ist fantastisch.

Der **Beschilderung** des Rundwegs folgend, führt die Route im Anschluss durch den Kiefern- und Buchenwald und über Holzstege in Richtung Nordosten. Nach 1 km gelangt man wieder zur Kreuzung an der Brücke vom Beginn der Wanderung. Von dort folgt man der bereits bekannten Strecke ca. 1,5 km zurück bis zum **Ausgangspunkt**, der Endhaltestelle der Darssbahn.

Bei Wustrow 2 geht es durch die Wiesen am Bodden entlang

Wanderung 2: Fischlandtour zwischen Bodden- und Ostseeküste

Im malerischen **Boddenhafen von Wustrow 2** mit seinen Zeesbooten und dem leckeren Duft von Räucherfisch in der Nase beginnt diese abwechslungsreiche Wanderung. Vom Hafen aus hält man sich rechts und folgt der Hafenstraße (Gehsteig) bis zum Abzweig nach rechts, an dem ein großer **Holzwegweiser** schon die Richtung nach Barnstorf und Ahrenshoop 4 vorgibt. Der mit alten Weiden gesäumte Weg, den man sich gelegentlich mit Fahrzeugen teilen muss, besteht aus festem Sand und Betonplatten. Der Wanderweg ist **rot-weiß markiert.**

Nach wenigen Minuten erreicht man rechter Hand die **Kunstscheune Barnstorf** (s. S. 22). Der Weg führt vorbei an charmanten Höfen mit alten Obstbäumen. Während kurz darauf die Weiterfahrt für Fahrzeuge nicht mehr möglich ist, können Wanderer und Radfahrer ihren Weg fortsetzen. Der Sandweg geht am Beginn der Wiesen in einen schmalen **Trampelpfad** über. Nach einem **Linksknick** führt die Route am Rand der Weiden und Felder entlang. Rund 2,5 km schlängelt sich der Pfad, mal schmaler, mal breiter, neben dem **Schilfgürtel** gen Norden. Am Ufer raschelt das Schilf und auf den **Wiesen** entdeckt man im Frühjahr und Sommer allerlei Blühendes. Erreicht man nach einer weiteren leichten Linkskurve Hartmanns Pferdehof, hält man sich weiter rechts und gelangt zum Südende von **Niehagen.** Der Weg führt zunächst im Bogen vor den Grundstücken vorbei. Sogleich hat man wieder festen Boden, sprich Beton, unter den Füßen.

Am **Wegweiser** (Richtung Wustrow/Steilufer) wendet man sich nach Westen und spaziert auf der Straße Bauernreihe bis zur **Niehäger Straße.** Rechts abbiegend, folgt man dieser für ungefähr 500 m in Richtung Ahrenshoop. Auf Höhe der Bushaltestelle zweigt rechts die Straße **Weg zum Kiel** ab, die als Radweg ausgeschildert ist. Auf gepflasterter Strecke nähert man sich wieder dem **Boddenufer.** Hinter dem Schilf kann man bereits die **Masten der Segelboote** im Hafen von Althagen sehen, dem nächsten Zwischenziel. Für den folgenden Kilometer nutzt man wahlweise den breiten Betonplattenweg unterhalb des Schutzdeiches oder den schmalen Sandweg darauf. Vorbei an **schmucken Häusern** sind es noch ca. 15 Min. Fußweg bis zum Hafen. Die **Gärten** sind urig, oftmals wird Kunst, Obst und Selbstgemachtes mit einer Kasse des Vertrauens feilgeboten.

Kreuzt man den Hafenweg mit seinem alten Kopfsteinpflasterbelag, ist rechts schon der idyllische **Hafen** zu sehen. Hier lohnt sich eine **kurze Rast** mit Fischbrötchen oder einer deftigen Suppe im **Räucherhaus** (s. S. 30). Fortgesetzt wird die Wanderung, indem man den Hafenweg bergan zur Althäger Straße (der Bäderstraße) marschiert.

Dort angekommen, erblickt man rechts das **Kunstmuseum Ahrenshoop** 5. Hinter dem bronzeschimmernden Bau gen Westen abbiegend, führt der Weg zum Hohen Ufer dann zur **Steilküste.** Auf Sand schlendert man zwischen alten und neuen, zum Teil sehr kunstvoll gestalteten Wohnhäusern. Nach ca. 10 Min. ist die Küste erreicht. Von der kleinen **Aussichtsplattform** eröffnet sich eine fantastische Sicht aufs Meer.

- **Charakter:** leicht zu bewältigende Route mit vielen verschiedenen Landschaftsformen
- **Ausgangspunkt:** Wustrow 2, Boddenhafen [B4–5]
- **Endpunkt:** Wustrow, Seebrücke [B4]
- **Länge:** 12 km
- **Dauer:** 3½ Std.
- **Einkehr:** etwa nach der Hälfte der Strecke im Räucherhaus (s. S. 30) im Hafen Althagen, am Ende in Wustrow an der Seebrücke mit Imbissen und Restaurants
- **Anfahrt und Parken:** für Autofahrer Parkmöglichkeiten im Hafen von Wustrow, alternativ Bus 210 bis Wustrow-Mitte und von dort ca. 10 Min. Fußweg zum Hafen
- **Tipp:** Nach heftigen Stürmen im Frühjahr und Herbst können Teile des Weges an der **Steilküste** (letztes Drittel der Wanderung) wegen Abbruchgefahr gesperrt sein. Dann ist eine Umleitung für Wanderer und Radfahrer durch die Kurverwaltung ausgeschildert. Diese führt zunächst landeinwärts und dann über den Bakelberg wieder zurück zur Küste.

059fd-tm

Ein **Schild** weist auf die letzte Etappe hin, 3,1 km bis zur **Seebrücke Wustrow.** Auf einem **schmalen Sandweg** führt die Route zunächst direkt an der Steilküste weiter. Doch schon bald schlängelt sich der Weg landeinwärts. Man wandert zwar weiterhin parallel zum Strand, aber nun, durch dichte **Hecken** vor Westwinden geschützt, am **Feldrand** entlang. Die letzten 1,5 km legt man auf dem **Steiluferweg** oberhalb des Strandes zurück. Nach einigen Hundert Metern sind am Strand und im seichten Wasser Reste von **Bunkeranlagen** zu erkennen. Bald darauf erreicht man schließlich die **Seebrücke** von Wustrow. Dort angekommen, hat man sich eine Verschnaufpause redlich verdient.

Radfahren

Für Freizeitradler ist die Region ein **Traumziel.** Der Umfang an Radwegen ist groß, die meisten Strecken sind abseits des Autoverkehrs eingerichtet und damit sicher und entspannt zu befahren. Die Strecken bieten eine große Bandbreite von Küstenwegen über Routen durch Wiesen und Weiden bis hin zur Waldtour. Auch für Besorgungen und für die Fahrt zum Strand oder zum Museum ist das Fahrrad das ideale Fortbewegungsmittel. Man braucht auf den überwiegend **flachen Strecken** auch keine besondere Ausrüstung. Egal ob City- oder Mountainbike: Man kommt zügig voran. Lediglich der **Wind** kann die Freude am Radfahren manchmal etwas trüben. Wenn er mal etwas stärker bläst, wissen viele die immer beliebter werdenden E-Bikes zu schätzen. Im **Darßwald** [D2] radelt man windgeschützt und kann im Hochsommer zudem Hitze und Sonneneinstrahlung entfliehen.

⊻ *Bei Radtouren kann man immer wieder einen Zwischenstopp am Strand einlegen*

060fd-tm

Die **Radwege** sind häufig asphaltiert und führen auf Deichen entlang. Im Darßwald sind die Wege gut befestigt, meist radelt man auf festem Waldboden, oft auch auf Schotter und selten auf weichem Sand. In den Orten nutzt man häufig die regulären Straßen, da es keine separaten Fahrradspuren gibt. Hier sollte man vorsichtig fahren und stets sowohl Fahrzeuge als auch Fußgänger im Auge behalten.

Beliebte Strecken wie die zum Darßer Leuchtturm (s. S. 47) oder zum Aussichtspunkt Pramort gleichen in der Hauptsaison fast schon Radautobahnen. An den dortigen **Radparkplätzen** kann es manchmal schwierig werden, das eigene Gefährt in der Masse der Räder wiederzufinden. Bei Ausflügen im Bereich des **Nationalparks** gilt es zu bedenken, dass **Toiletten** und Gastronomie nur sehr begrenzt vorhanden sind. Einige Wege im Nationalpark sind **für Radfahrer gesperrt**. Daran sollte man sich zum Schutz der Natur halten. Die Radwege im Darßwald folgen überwiegend einer **grün-weißen Markierung.**

In allen Orten auf der Halbinselkette sind meist mehrere **Fahrradverleiher** zu finden. Die **Preise** sind mit weitgehend 8 € pro Tag moderat. Wer für eine ganze Woche bucht, zahlt meist nur für fünf Tage. **E-Bikes** sind verfügbar, aber stark nachgefragt und sollten vorbestellt werden. Alle Radverleihstationen bieten auch Anhänger für Kinder oder Hunde sowie weiteres Zubehör und Radwanderkarten an.

Wer sein Rad mit dem **Linienbus** transportieren möchte, erkennt die **Abfahrten mit Fahrradanhänger** durch die Markierung „H" oder „RAD" im Fahrplan. Die Anhänger des **RADzfatz-Angebots** werden von Mai bis Oktober mitgeführt und bieten bis zu 12 Rädern Platz, Elektrofahrräder können nur bedingt befördert werden. Bei hoher Nachfrage kann eine Mitnahme nicht garantiert werden. Der Aufpreis für die Mitnahme des Fahrrades ist mit 3 € (7 € für E-Bikes) moderat. Das Auf- und Abladen der Fahrräder verzögert oft das Vorankommen des Busses, sodass durchaus mit Verspätungen zu rechnen ist.

Vorschläge für interessante individuelle **Radtouren** bietet der Tourismusverband Fischland-Darß-Zingst auf seiner Website.

- **Fahrradverleih Shop 8,** Reservierungshotline Tel. 0152 53309243 (Zingst-Prerow-Born), 0175 87886088 (Ahrenshoop-Wustrow), www.fahrrad-shop-8.de. Sympathischer, gut ausgestatteter Radverleih mit 9 Standorten, u. a. Zingst 18, Prerow 13, Born 8, Ahrenshoop 4 und Wustrow 2. Das Angebot ist umfangreich mit Citybikes, Mountainbikes und Pedelecs sowie viel Zubehör und Tandems. Die Räder können auch an anderen Standorten zurückgegeben werden. Gegen Aufpreis ist ein Bring- und Abholservice möglich.
- **RADzfatz:** www.vvr-bus.de/region/radzfatz
- **Vorschläge für Radtouren:** www.fischland-darss-zingst.de/aktivitaeten/aktiv-in-der-natur/radwandern

Radtour 1: Auf dem Zingst – Natur erleben zwischen Osterwald und Boddenwiesen

Diese Radtour zur **Ostspitze von Zingst** mit **Pramort** 22 startet an der **Strandpromenade** vor der **Seebrücke Zingst** 19. Ein Fahrradverleih befindet sich ca. 150 m entfernt in der Seestraße 71.

Ein Schild zeigt 16 km bis nach Pramort an. Der **Radweg** führt **auf dem Deich** entlang. Zunächst ist er-

- **Charakter:** leicht zu befahrende, hervorragend ausgebaute Strecke mit traumhaften Ausblicken und reizvollen Naturerlebnissen. Die Tour ist ein beliebter Klassiker.
- **Ausgangs- und Endpunkt:** Strandpromenade vor der Seebrücke Zingst 19 [F2]
- **Länge:** 40 km
- **Dauer:** 3½ Std.
- **Einkehr:** Schlösschen Sundische Wiese (s. S. 55) nach einem oder zwei Dritteln der Fahrt (man passiert es zweimal). Da im Nationalpark keine weiteren Verpflegungsmöglichkeiten bestehen, ist es empfehlenswert, Proviant für ein Picknick mitzubringen. Am Ende der Tour kann man in Zingst 18 einkehren, z. B. im Kranichhaus (s. S. 55).
- **Anfahrt:** Parkmöglichkeiten für Autofahrer in Zingst, z. B. am Experimentarium (s. S. 122) oder Schlösschen Sundische Wiese (dann dort Einstieg in die Tour). Die nächstgelegene Bushaltestelle ist Zingst-West ca. 800 m von der Seebrücke entfernt in Richtung Prerow 13.
- **Alternativstrecken:** Bis zur Sundischen Wiese sind motorisierte Fahrzeuge noch erlaubt – wer also eine kürzere Rundfahrt unternehmen möchte, steigt erst hier in die Tour ein. Wer mag, biegt kurz nach Pramort 22 rechts in Richtung **Hohe Düne** [I2] ab. Der Radweg endet nach ein paar hundert Metern bei einem schön angelegten Abstellplatz für die Räder, von dort geht man 1,3 km zu Fuß gen Norden zum Strand mit spektakulärer Aussicht. Für **Wanderer** bietet sich der Weg vom Zingster Boddenhafen über die Sundische Wiese und den Strandweg zurück nach Zingst an (ca. 20 km).

höhte Aufmerksamkeit geboten, denn es sind auch Spaziergänger und Strandbesucher anzutreffen. Hat man das Wassersportzentrum Zingst (s. S. 79) und den Campingplatz am Ende der Seestraße passiert, sind überwiegend Radler auf dem asphaltierten Deichweg unterwegs. Nach ca. 15 Min. Fahrt endet der Asphalt und geht in **Klinkersteine** über.

Ein **Schild** weist darauf hin, dass man nun den **Osterwald** [G3] und damit den **Nationalpark Vorpommersche Boddenlandschaft** (s. S. 107) erreicht hat. Ab und an wird linker Hand der Blick auf die Ostsee frei, **Strandzugänge** mit Fahrradständern locken zu einer kleinen Unterbrechung am nur wenig besuchten Naturstrand. Die **Windflüchter** sind ein schönes Fotomotiv.

Sieben Kilometer nach dem Start führt der Radweg vom Strand weg in den **Wald** hinein. Nach einer kurzen Strecke mit **Betonplatten** auf dem Waldweg geht es hinter dem Schutzdeich auf **Asphalt** weiter. Hier sind etliche abgestorbene Bäume zu sehen, die langsam im Moor versinken. Im Osterwald befindet sich ein großes **Hochmoor**, das nur durch Regen versorgt wird.

Bei Kilometer 8,5 kommt die **Sundische Wiese** ins Blickfeld. Ein Hotel (s. S. 128) und ein **Biergarten** (s. S. 55) sind idyllisch im Wald gelegen, eine **Rast**, z. B. mit einer Bratwurst vom Grill, bietet sich jetzt oder aber auf dem Rückweg an.

Hinter der Sundischen Wiese biegt man links ab und passiert nach 400 m den **Infopunkt Sundische Wiese.** Auf dem Deichweg gen Osten geht es die letzten 7,5 km auf gerader Strecke bis zum Aussichtspunkt Pramort. Auf der **asphaltierten Deichkrone** kann man richtig Tempo ma-

chen, sofern der Wind nicht von vorn bläst. Der **Ausblick** in die weite Natur ist wunderschön. Wiesen wechseln sich mit Mooren und kleinen Wäldern ab, im Herbst ziehen Kraniche und Gänse lärmend über einen hinweg. Es quakt, zwitschert und grunzt allerorten, wenn man sich die Zeit nimmt zu lauschen. Am **Aussichtspunkt Pramort** gibt es Beobachtungsstationen mit Erklärungen zur Vogelwelt und Sitzmöglichkeiten.

Der **Rückweg** beginnt zunächst als Umkehrung des Hinwegs. Auf dem Radweg nach Zingst hört und sieht man im Sommer die **Rinder** auf den Boddenwiesen, bald erreicht man rechter Hand wieder den schnurgeraden Deichweg. Nach links ist ein **Rastplatz mit Toilette** ausgeschildert.

Wieder zurück am Infopunkt mit der Ausstellung zur Sundischen Wiese bietet sich abermals der Biergarten des Schlösschens Sundische Wiese für eine **kulinarische Pause** an. Danach führt der Radweg gen Süden in **Richtung Bodden** und dann in westliche Richtung zum 11 km entfernten Zingster Boddenhafen. Man fährt zunächst überwiegend **hinter dem Deich**, auf dem Deichunterhaltungsweg, der für Fahrräder freigegeben ist. Jenseits des Boddens ist **Barth** 23 erkennbar, man sieht den Kirchturm der St.-Marien-Kirche 24, eine Landmarke für die Seefahrt. Eine noch bessere Übersicht bieten **Aussichtskanzeln** mit Ferngläsern entlang der Strecke. Schafe grasen gelegentlich auf dem Deich, die letzten 4 km bis zum Hafen ist man auf der **Deichkrone** unterwegs. Bald kommt der Hafen in Sicht, vorher passiert man noch das Hotel Marks und einige Bootshäfen sowie Restaurants. Nach einer **Pause im Zingster Boddenhafen**, z. B. im **Kranichhaus** (s. S. 55), geht es über die Hafenstraße und Strandstraße – Vorsicht, Fußgänger! – in nördliche Richtung **zurück zur Seebrücke**, dem Ausgangspunkt der Radtour.

Routenverlauf im Inselplan

Die hier beschriebenen Radtouren sind mit farbigen, gepunkteten Linien im Inselplan eingezeichnet.

Biergarten Sundische Wiese: Rast auf dem Weg nach Pramort 22

Radtour 2: Rund um den Darß – Wiesen, Wald und Ostseestrand

Der ideale Startpunkt für diese Darß-Tour ist das zentral gelegene und gut zu erreichende **Nationalparkzentrum Darßer Arche in Wieck** ⓬. Wer noch kein Fahrrad hat, der findet an der Straßenecke hinter dem Eiscafé Lange (s. S. 39) einen **Radverleih.**

Nach einem kräftigen Tritt in die Pedale geht es zunächst entlang der Straßen Müggenberg und Bauernreihe **Richtung Osten** durch den Ort. Hier kann man die Vielfalt reetgedeckter Häuser bewundern. Der Wiecker Boddenhafen ist nach kurzer Fahrt rechter Hand sichtbar.

- **Charakter:** leicht zu bewältigende, gut ausgebaute, sehr abwechslungsreiche Strecke durch die einzigartige Vielfalt der Darßer Landschaft. Die Rundfahrt führt entgegen dem Uhrzeigersinn von Wieck ⓬ über Prerow ⓭, Ahrenshoop ❹ und Born ❽ zurück nach Wieck. Ideal, um alle Ecken des Darß kennenzulernen.
- **Ausgangs- und Endpunkt:** Darßer Arche (s. S. 39) in Wieck [E3]
- **Länge:** 37 km
- **Dauer:** 3½ Std.
- **Einkehr:** nach einem Viertel der Strecke bei Binnen un Buten (s. S. 46) in Prerow, nach zwei Dritteln im Dat Happke (s. S. 36) in Born, am Ende im Eiscafé Lange (s. S. 39)
- **Anfahrt:** günstige Parkmöglichkeiten für Autofahrer in Wieck rund um die Darßer Arche. Alternativ Bus 210 bis Haltestelle Prerower Str. in Wieck, der Bus hält gleich gegenüber der Arche. In den Sommermonaten ist er mit Fahrradanhänger unterwegs.

Nach etwa hundert Metern gabelt sich die Straße und der Radweg (Achtung: Einbahnstraße) führt durch die Straße **Südkaten** zum Ortsteil Jagdhaus. Nach rund 2 km hat man nun bereits den Ortsrand erreicht. Beim letzten Haus befindet sich eine **Töpferei.** Die Ergebnisse der Handwerkskunst kann man in einem kleinen **Pavillon** direkt am Weg bestaunen. Wer eine der schönen Tonarbeiten erstehen möchte, betätigt einfach die am Pavillon angebrachte Klingel.

Nun geht es zunächst in nördliche und etwas später in westliche Richtung ca. 4,3 km bis nach **Prerow** ⓭. Auf dem **asphaltierten Radweg** zwischen Feldern und Wiesen kommt man schnell voran. Zwei **Aussichtsplattformen** (die erste ist überdacht) laden zur Vogelbeobachtung ein. Nach insgesamt 6,5 km erreicht man das Ostseebad Prerow auf Höhe des Hafens am Prerowstrom.

An der **Ampelanlage** überquert man die Hauptverkehrsstraße L 21, folgt jedoch nicht dem gelben Radschild, sondern hält sich leicht links. Auf der anderen Straßenseite erkennt man einen blauen Neubau, der eine Pension beherbergt. Direkt rechts davon beginnt auf der **Deichkrone** ein kombinierter Fuß- und Radweg. Dieser ist recht schmal und endet nach ca. 600 m an einem weiteren, größeren Deich. Hier trifft man auf den aus Zingst kommenden Radweg und folgt diesem nach links in Richtung **Darßer Ort** ⓱ und **Seebrücke** ⓰. Auf Höhe des Abzweigs zur Seebrücke lohnt eine kleine Unterbrechung am nur wenige Minuten entfernten **Strand** oder ein **Imbiss** bei **Binnen un Buten** (s. S. 46) nahe der Seebrücke.

Zur Fortsetzung der Radtour folgt man der Beschilderung ins Ortszentrum, bis man auf die **Hauptstraße** (Waldstraße) trifft. Als Orientierung dient der große Supermarkt gegenüber. An dieser Kreuzung hält man sich rechts und fährt nun auf der Waldstraße westwärts durch den Ort. Etwas Vorsicht ist geboten, da man sich die Fahrbahn nun mit den Autos teilen muss. Linker Hand passiert man u.a. das **Darß-Museum** 15 und das Café **Teeschale** (s. S. 46). Die Verlängerung der Waldstraße führt geradeaus in Richtung **Darßwald** und nach einer Links- sowie einer Rechtskurve am Hotel Bernstein vorbei in den Wald hinein.

Die folgenden 9,5 km geht es nun quer durch den **idyllischen Wald.** Nach ungefähr 250 m trifft man an der Kreuzung Mittelweg auf den **g-Gestell** genannten Weg, dem man nach Süden bis zu **Peters Kreuz** [D3] folgt. Der Untergrund wechselt zwar gelegentlich, ist aber durchweg gut befahrbar. An Peters Kreuz gibt der Wegweiser die Richtung vor: **Weststrand,** Ahrenshoop 4 über Großer Stern – man fährt also **gen Westen.** Der Radweg ist nun schmaler, geschottert und verläuft parallel zum Reitweg. Alte Buchen und Birken sowie knorrige Kiefern säumen den Weg, der Waldboden ist bedeckt mit Blaubeersträuchern. Man bekommt Einblicke in die Natur und es riecht würzig nach Wald. Am **Großen Stern** [C–D3], eine der wichtigsten Kreuzungen der Wander- und Radwege im Darßwald, angekommen, behält man die Richtung (Weststrand, Drei Eichen) bei. Nach mehreren langgezogenen **Linkskurven** – rechts gibt es immer wieder Einfahrten in die Kernzone des Nationalparks – radelt man nun wieder **gen Süden.**

An der zweiten Abzweigung zum Weststrand, dem **Grünen Weg,** gibt

062fd-tm

es einen kurzen Stich zum Deichweg. Hier ist wieder eine **Pause am Strand** möglich. Im Anschluss gelangt man auf dem **asphaltierten Radweg** auf dem Küstenschutzdeich in wenigen Minuten nach **Ahrenshoop.** Am Strandzugang befindet sich eine **öffentliche Toilette.**

Natürlich ist ein Abstecher in den Ort möglich und empfehlenswert. Die direkte Weiterfahrt erfolgt jedoch links in den Paetowweg und vorbei an der **Schifferkirche** 7, wo ein kurzer Blick ins Innere des charmanten Gotteshauses geworfen werden sollte. Nach wenigen Metern bietet sich ein herrlicher Ausblick über den Bodden und in die weite Wiesenlandschaft. Rechts erblickt man die **Ahrenshooper Mühle** (Kaffeemühle, s. S. 28). An der T-Kreuzung folgt man dem Wegweiser in **Rich-**

Gut ausgebaute Radwege führen durch den Nationalpark

tung Born 8 (8,3 km), verlässt den asphaltierten Weg aber nach 160 m gleich wieder und steuert rechts auf den **Bodden** zu. Dort angekommen, hält man sich links und radelt immer am Wasser entlang. Durch die **Wiesen** mit **herrlichem Ausblick** und **Bänken** für eine Verschnaufpause gelangt man nach ca. 20 Min. zum **Borner Campingplatz.** Radfahrer dürfen ihn durchqueren, werden aber um Rücksicht gebeten.

Nach Verlassen des Campingplatzes fährt man geradeaus die **Nordstraße** entlang, vorbei an alten Reetdachhäusern. Die Nordstraße geht wenig später in die **Schulstraße** über. Am Ende dieser biegt man rechts in die **Chausseestraße** ab, die auf Höhe des Hafens einen Linksknick macht, und der man nun bis zum Ortsausgang folgt. Die schönsten Sehenswürdigkeiten Borns liegen an der Strecke, so der schon erwähnte **Hafen** (mit WC), das **Forst- und Jagdmuseum „Ferdinand von Raesfeld"** 9 und einige charmante Rohrdachhäuser.

Kurz bevor die Chausseestraße an der Bäderstraße L 21 endet, weist am **Bliesenrader Weg** ein **gelbes Schild** auf die Fortsetzung des Radwegs nach Wieck hin. Nun beginnen die letzten 4,5 km der Radtour. Nach kurzer Fahrt auf asphaltierter Straße befährt man einen reinen **Radweg** durch den lichten Wald. Dieser besteht zunächst aus Betonplatten, dann Sand und schließlich Schotter. Alsbald mündet er in die Straße nach Bliesenrade, die man aber nach einigen Metern wieder verlässt und links zum **Boddenufer** schwenkt. Den Rest des Weges schlängelt sich die Route am Bodden entlang. Der Weg ist schmal, aber entgegenkommende Radler können gut passieren. Mit etwas Glück lassen sich hier **Fisch- oder Seeadler** beobachten.

Wieder **zurück in Wieck** folgt man dem ersten **Wegweiser zur Darßer Arche** und ins Zentrum. Die Straße heißt hier ebenfalls Bliesenrader Weg. Auf den letzten asphaltierten Metern entdeckt man linker Hand noch ein sehr modernes Gebäude im japanischen und skandinavischen Stil, bevor man schließlich wieder an der Darßer Arche ankommt. Nach so vielen Eindrücken kann man den Tag schräg gegenüber im **Eiscafé Lange** (s. S. 39) mit einem Stück hausgemachtem Kuchen ausklingen lassen.

063fd-tm

Weitere Aktivitäten

Angeln

Geradezu **paradiesische Bedingungen** werden Anglern auf Fischland-Darß-Zingst geboten. Da die Region von Wasser umgeben ist, ergeben sich vielfältige Reviere und für jede Vorliebe ist etwas dabei. An der Ostseeküste und in den Boddengewässern finden Angler u.a. Hering, Dorsch und Meerforelle sowie Barsch und Hecht. An den Küsten ist **Spinn-, Fliegen- und Brandungsfischen** verbreitet. Auch das Angeln mit **Bellybooten** wird immer beliebter – sowohl auf der Ostsee als auch im Bodden. In den Boddengewässern ist Angeln vom Boot aus möglich. Man kann Belly- und Motorboote ausleihen. Von den **Seebrücken** aus ist das Angeln zwar möglich, aber zeitlich streng begrenzt. Im Nationalpark ist das Fischen nicht erlaubt.

Für einen Angelausflug im Urlaub sind sowohl eine **Angelerlaubnis** als auch ein **Touristenfischereischein** nötig. Diese können bei den **Kurverwaltungen** aller Urlaubsorte sowie den **Touristinformationen in Barth** (s. S. 64) **und Ribnitz** (s. S. 74) erworben werden und gelten für 28 zusammenhängende Tage. Zusätzlich sollte man sich darüber informieren, ob für bestimmte Gewässer eine besondere Genehmigung nötig ist und ob es sich um private bzw. Pachtgewässer handelt.

Infos zu Angelerlaubnis und Touristenfischereischein inkl. **Online-Antrag** finden sich auf dieser Website:
› https://erlaubnis.angeln-mv.de

054fd-tm

■ **Bernd's Belly Boot Verleih** <071> Strandstr. 15 a, Prerow, Tel. 015110187482, www.bellybootverleih.com. Die Bellyboote können tage- oder wochenweise inkl. Komplettausstattung und Wathose gemietet werden. Der Inhaber bietet sich auch als Angelführer an und stellt eine Angelerlaubnis aus, vorausgesetzt der Touristenfischereischein ist bereits vorhanden.

Inlineskaten

Die **asphaltierten Radwege** auf den **Deichen** zwischen Prerow 13 und Zingst 18, von Ahrenshoop 4 in Richtung Weststrand [C1–2] und von Dierhagen 1 nach Wustrow 2 bieten ideale Bedingungen für Inlineskater. Auf den Wegen ist genügend Platz vorhanden und mit einer Distanz von rund 8 km ist die Strecke zwischen Prerow und Zingst auch für sportliche Runden interessant.

◁ Am Großen Stern kreuzen sich viele Radrouten durch den Darßwald

△ Auf der Jagd nach dem Zander: Die Bodden sind beliebte Angelreviere

064fd-tm

Nordic Walking

Die **Nordic-Walking-Routen** sind in den Urlaubsorten **ausgeschildert.** In Wustrow steht die Informationstafel an der Seebrücke, kleine Hinweisschilder markieren die Strecken. In Wieck beginnen die Routen am Hafen. In Prerow und Zingst sind **Terrainkurwege** gekennzeichnet. Das Kurmittelcentrum Zingst (s. S. 130) bietet auch geführte Touren an.

Der 2008 eingerichtete **Darßer Nordic Walking Park** offeriert 75 km ausgewiesene Wege für Walking-Begeisterte, die zwischen Prerow, Wieck und Born bis nach Ahrenshoop verlaufen. Informationen dazu liefern die Kurverwaltungen der einzelnen Orte (s. S. 119).

Reiten

Reiter lieben besonders den **Darß,** wo sich viele Reiterhöfe befinden und im **Darßwald** [D2] etliche **Reitwege** markiert sind. Das **Reiten am Strand** ist außerhalb der Urlaubssaison in markierten Abschnitten erlaubt. Bei den Höfen gibt es eine große Bandbreite, die meisten heißen Besucher ausdrücklich willkommen. Neben **geführten Ausritten** werden auch **Reitstunden** angeboten. Wer sich nicht selbst in den Sattel schwingen möchte, wählt eine Fahrt mit dem **Kremser,** z. B. von Prerow zum Darßer Ort 17 (s. S. 48). Die folgenden **Anbieter** sind empfehlenswert:

- **Bernsteinreiter (1)** <072> Neuklockenhäger Weg 1 a, Ribnitz-Damgarten, OT Hirschburg, Tel. 0174 8530842, www.bernsteinreiter.de. Großer, sehr populärer Reiterhof mit umfangreichem Angebot. Geführte Ausritte finden in der Sommersaison mehrmals in der Woche statt. Okt. – April sind auch Strandreiterwochenenden buchbar. Der Hof bietet ferner Übernachtungsmöglichkeiten (s. S. 127) und viele Aktivitäten für Tagesgäste, z. B. selbst geführtes Ponyreiten.
- **Bernsteinreiter (2)** <110> Glöwitz 1, Barth, Tel. 016093066325, www.bernsteinreiter-barth.de. Zweiter Standort des Reiterhofs.
- **Islandpferdehof Fischland** <073> Weg zum Kiel 12, Ahrenshoop, Tel. 038220 69328, www.islandpferdehof-fischland.de. Familie Fretwurst führt einen kleinen Hof mit Islandpferden. Neben Reitstunden stehen Ponyreiten und geführte Ausritte auf dem Programm. Die Termine für die halb- oder ganztägigen Ausritte sind online einsehbar.

Wer den Darßwald hoch zu Ross erleben möchte, findet ausgezeichnete Reitwege vor

FISCHLAND-DARSS-ZINGST ERLEBEN

065fd-tm

Feste und Folklore

Sportveranstaltungen, Freilufttheater, Volksfeste und Regatten mit Traditionsschiffen gehören auf der Halbinsel Fischland-Darß-Zingst fest zum Jahresverlauf. Die **Themen Natur, Kunst und Fotografie** ziehen sich dabei wie ein **roter Faden** durch den Veranstaltungskalender. Die meisten Events beleben die Urlaubssaison zwischen April und Oktober, da sie überwiegend im Freien stattfinden. Das auf Fischland und Darß gefeierte **Tonnenabschlagen** ist mittlerweile sogar von der UNESCO anerkanntes Immaterielles Kulturerbe. Ebenfalls zum Kulturerbe zählen die historischen **Zeesboote** (s. S. 66), die im Rahmen zweier großer **Regatten** im September präsentiert werden.

Die **Darß-Festspiele** mit Aufführungen wie z. B. „Die Heiden von Kummerow" sind längst ein Besuchermagnet. **Silvester** wird, anders als beispielsweise auf Rügen, eher ruhig gefeiert. Die Hotels sind zwar über die Feiertage gut gefüllt, aber es finden keine größeren Feierlichkeiten statt.

Frühjahr

- **Fastnachtstonnenabschlagen in Born** 8 (Feb.): Das beliebte Tonnenabschlagen (s. S. 99) wird in Born auch in der kalten Jahreszeit zelebriert. Aufwendig kostümiert erscheinen die Reiter zum festlichen Zerschlagen der Tonne. Mit einem Umzug durchs Dorf und einem Maskenball am Abend ist die Veranstaltung auch interessant für Touristen.

Vorseite: „Gut Schlag" wünschen sich u. a. die Wiecker beim Tonnenabschlagen (s. S. 99)

- **Fischländer Strandgalopprennen** (Ostern): Eine Tradition – in 20. Auflage 2023 – sind die spannenden Pferderennen am Strand von Wustrow 2 am Ostersamstag – ein schöner Auftakt in die Saison und ein Spaß nicht nur für Pferdebegeisterte. Im Anschluss wird das Osterfeuer entzündet.
- **Darß-Marathon** (Ende April): Jedermann-Läufe erfreuen sich enormer Popularität. Der Marathon rund um den Darß lockt seit bald 20 Jahren Läufer aus dem In- und Ausland hierher. Von der Darßer Arche in Wieck 12 nach Prerow 13, durch den Darßwald nach Ahrenshoop 4 und am Bodden über Born zurück nach Wieck führt die Strecke durch unberührte Natur. Naturexkursionen gehören zum Rahmenprogramm. Auch ein Halbmarathon und ein Lauf über 10 km werden angeboten. Infos: www.darss-marathon.de.
- **Umweltfotofestival „horizonte zingst"** (Mai/Juni): Zingst 18 wird zur Bühne für internationale Fotokunst. Im Ort verteilt sowie am Strand, findet man großformatige Fotografien und Kunstwerke. Viele bleiben auch über die Ausstellung hinaus erhalten. Dazu werden in den Galerien Workshops und Ausstellungen veranstaltet. Übergeordnetes Thema ist die Umwelt. Ein ernsthafter Blick auf die Welt mit künstlerischem Anreiz. Infos: www.zingst.de/fotofestival-horizonte.

Sommer

- **Ahrenshooper Jazzfest** (Juni): Seit über 20 Jahren gibt es das Jazzfest. Die teilnehmenden Künstler sind hochkarätig und die Spielorte vielfältig. Gespielt werden neben Jazz auch Dixieland, Ska, Boogie-Woogie, Swing und Blues. Die Hauptbühne steht am Hafen.
- **Tonnenabschlagen** (Juni–Aug.): Ein einzigartiger Brauch der Region ist das traditionelle Zerschlagen einer Holz-

tonne durch festlich gekleidete Reiter (s. S. 99). Beginnend mit dem morgendlichen Ritt der Tonnenbrüder durch das geschmückte Dorf und mit einem bunten Programm auf der Festwiese am Nachmittag, ist es ein Volksfest für Einheimische und Besucher. Genaue Termine sind bei den Kurverwaltungen zu erfragen, z. B. in Wieck am 4. So. im Juni, in Wustrow am 2. So. im Juli.

- **Darß-Festspiele in Born** (Ende Juni–Ende Aug.): Angefangen hat alles 2003 mit den „Darßer Schmugglern" (s. S. 38). Die Aufführungen waren so erfolgreich, dass man eine jährliche Veranstaltung daraus machen wollte. Seit einigen Jahren werden Episoden aus „Die Heiden von Kummerow" aufgeführt. Die Kinder aus Born und Umgebung spielen begeistert mit, v. a. bei der Version *up Platt.* Infos: www.darss-festspiele.de.
- **Ostblock-Fahrzeugtreffen Pütznitz** (Anf. Juli): Der Technikverein Pütnitz e. V. lädt jeden Sommer Sammler und Interessierte ein, Oldtimer aus dem Ostblock zu präsentieren und zu erleben. Wer möchte, bringt selbst sein Schätzchen mit und fachsimpelt mit anderen Teilnehmern. Alle anderen erfreuen sich an dem Spektakel, das rund um das Technikmuseum Pütznitz 33 stattfindet. Infos: www.technikverein-puetnitz.de.
- **Internationales Folkloretanzfest in Ribnitz-Damgarten** (Ende Juli): Den Grand Prix der Folklore gibt es seit mehr als 30 Jahren. Über sechs Tage zieht sich das Programm mit Tanzgruppen aus mehreren Nationen. Vorführungen, Konzerte und ein Trachtengottesdienst bieten den Zuschauern Sehenswertes. Infos: www.folklore-ribnitz.de.
- **Mittelalterspektakel in Dierhagen** 1 (Juli–Aug.): Über sechs Wochen wird in Dierhagen das Mittelalter zelebriert. Über 100 Mitwirkende bieten Handwerkskünste, Speis und Trank, Musik und spannende Vorführungen von Kampftechnik, Zauberei und Schauspiel.
- **Lange Nacht der Kunst in Ahrenshoop** (Aug.): Galerien, Keramikwerkstätten und Kunsthäuser öffnen ihre Türen und präsentieren ein abwechslungsreiches Programm mit Musik, Theater und Performances. In Evas Sommergarten (hinter der Strandhalle) können sich auch kleine Besucher kreativ betätigen.

Fotoschauen am Strand sind Teil des Umweltfotofestivals in Zingst 18

067fd-tm

- **Seemannskirchenfest Prerow** (Aug.): Rund um die malerische Seemannskirche 14 wird für den guten Zweck gefeiert. Stände mit Handwerkskunst, köstliche Snacks und Kunst- sowie Musikdarbietungen unterhalten die Besucher. Am Abend leuchtet das traditionelle Lagerfeuer.
- **Barther Segel- und Hafentage** (Aug.): Das große maritime Fest in Barth 23 präsentiert historische und moderne Wasserfahrzeuge, zeigt spannenden Wassersport auch zum Mitmachen und verwandelt den Stadthafen 25 in ein großes Volksfest. Infos: www.barthmaritim.de.

Herbst

- **Bodstedter Zeesbootregatta und Althäger Fischerregatta** (Sept.): Die braunen Segel sind auf den Boddengewässern wieder häufiger zu sehen. Kommen sie zu Regatten zusammen, ist das absolut sehenswert. Traditionspflege und Sport verbinden sich zu einem tollen Erlebnis. Infos: www.braune-segel.de (unter „Regatten und Termine").
- **Treffen der Shantychöre in Zingst** (Sept.): Ein wichtiger Teil des maritimen Erbes sind die Shantychöre. Zingst wird über drei Tage zur Bühne für verschiedenste Gesangsgruppen, die Zuschauer können mitsingen, schunkeln und dabei von der Ferne träumen. Große Ehre wird der Heimatdichterin Martha Müller-Grählert und ihrem Gedicht „Mine Heimat" zuteil, vertont als Ostseewellenlied (s. S. 52).
- **Nationalparktage Zingst** (Okt.): Zur Hauptzeit des Kranichzuges bietet die Nationalparkverwaltung exklusive Führungen auf dem Ostzingst 22 an. Interessante Vorträge bieten Einblicke in die einzigartige Natur. Ferngläser im Verleih, Anreise mit dem Rad empfohlen.
- **Darßer Naturfilmfestival** (Okt.): Mehrtägige Veranstaltung mit Filmvorführungen, darunter teils preisgekrönte Produktionen, ferner Exkursionen und Vorträge. Zu den Veranstaltungsorten zählen die Darßer Arche (s. S. 39) und das Kunstmuseum Ahrenshoop.

066fd-tm

Winter

- **Ahrenshooper Filmnächte** (Nov.): Ein schönes Vergnügen in der dunklen Jahreszeit sind die Filmnächte. Aktuelle Filme und Vorabpremieren werden gezeigt und so mancher prominente Schauspieler wurde hier schon gesichtet. Eine Jury kürt den Siegerfilm. Drumherum Musik und Kulinarik. Gastgeber ist das Kunstmuseum Ahrenshoop.
- **Barther Weihnachtsmarkt** (Dez.): Die letzten Tage vor dem Weihnachtsfest werden durch den stimmungsvollen, kleinen Markt versüßt. Mit Handwerk, Leckereien und Musik im Lichterglanz starten Barther und Gäste in die Feiertage.

Im Zeichen der braunen Segel: die Althäger Fischerregatta im September

Tradition Tonnenabschlagen

„Gut Schlag“ schallt es zwischen Mai und August über die Festwiesen von Fischland und Darß. Dann ist es Zeit für das traditionelle Tonnenabschlagen. Das auch Tonnenfest genannte Spektakel findet in jedem Ort an einem anderen Sonntag statt und zieht Einheimische und Touristen gleichermaßen an. Im Rahmen eines festlichen Wettbewerbs wird eine Holztonne zerschlagen und der Tonnenkönig gekürt.

Der Ursprung dieses Reiterspiels ist nicht eindeutig geklärt. Es soll jedoch bereits nach dem Dreißigjährigen Krieg auf dem Darß Tonnenfeste gegeben haben. Damals mussten die Fischer jedes zehnte Heringsfass an die schwedischen Besatzer abführen. Mit dem Ende der Schwedenzeit und somit der Zwangsabgabe zerschlug man symbolisch das zehnte Fass. Andere sehen in der Tradition hingegen eine Abwandlung herrschaftlicher Reiterspiele für das Volk.

In Barth 23 auf dem Festland ist das Tonnenabschlagen seit 1774 durch Urkunden belegt. Die Tonnenbünde auf dem Darß blicken ebenfalls auf eine lange Tradition zurück. So feierten die Prerower 1962 und die Borner 1989 deren 100-jähriges Bestehen. Unterbrechungen gab es nur in Zeiten von Krieg und Not sowie in der DDR, als die Pferdehaltung stark zurückging. Seit 2016 ist das Tonnenabschlagen im bundesweiten Verzeichnis des Immateriellen Kulturerbes der deutschen UNESCO-Kommission eingetragen.

Doch was genau passiert da? Der Tag beginnt mit dem Königswecken. Die festlich gekleideten Reiter des Tonnenbundes ziehen, begleitet von einer kleinen Musikkapelle, durchs Dorf und legen bei den Würdenträgern der vergangenen Jahre und den amtierenden Königen, denn derer gibt es mehrere, einen kurzen Halt ein. Die so Begrüßten bedanken sich mit einem kleinen Frühstück oder Umtrunk. Am frühen Nachmittag präsentieren sich die Reiter bei einem Umzug durch das Dorf und holen die Könige und die präparierte Tonne ab. Letztere wird auf der Festwiese, die bereits am Tag zuvor geschmückt wurde, in einer Höhe von 3–4 m aufgehängt. Der Hauptmann kontrolliert den Zustand und die Höhe der Tonne, nach einigen Begrüßungsreden kann der Wettbewerb beginnen. Die Teilnehmer preschen in fester Reihenfolge die Reitbahn entlang und schlagen mit dem Holzknüppel auf die Tonne ein. Der Schlag muss im Galopp ausgeführt werden. Landet der erste Reiter unsanft auf dem Boden, so ist er der Sandkönig. Wer den Boden der Tonne ausschlägt, ist Bodenkönig und wer die letzte Stäbe (Teil der gewölbten Seitenwand) abschlägt, wird Stäbenkönig. Die Könige werden feierlich gekürt, erhalten Schärpe und Orden und die Zeremonien bieten die Gelegenheit zu einer kurzen Pause für Pferde und Reiter. Am Ende hängt nur noch das Kreuz des Tonnendeckels. Wer das letzte Stück Holz abschlägt, wird neuer Tonnenkönig. Am Rande der Reitbahn tragen die Kinder ihr eigenes Tonnenabschlagen aus – zu Fuß. Am Abend findet dann ein zünftiger Reiterball statt.

In Born 8 lockt im Winter das Fastnachtstonnenabschlagen mit kostümierten Reitern und einem Maskenball. Seit 1927 findet jedes Jahr das sogenannte Bezirkstonnenabschlagen mit Reitern aus allen Gemeinden statt.

Fischland-Darß-Zingst kulinarisch

Die traditionelle **Küche** auf Fischland-Darß-Zingst mit ihrer Mischung aus mecklenburgischen und pommerschen Spezialitäten ist **bodenständig und deftig.**

Durch die Lage an Ostsee und Bodden ist die Auswahl an **Fisch** naturgemäß groß. Auf den Speisekarten findet man sowohl Dorsch, Scholle und Hering als auch Zander und Aal. Noch kann man morgens auf den Bodden die Fischer beim Einholen ihres Fangs sehen. Leider werden sie immer seltener und so kommt der in den Restaurants angebotene Fisch häufig nicht mehr aus heimischen Gewässern. In den kleinen Boddenhäfen, z. B. in Wustrow 2 oder Althagen [B4], strömt jedoch nach wie vor am Vormittag der Duft von **Räucherfisch** aus den Öfen und es bilden sich erste Schlangen, noch bevor um 12 Uhr der Verkauf beginnt. Mit etwas Kartoffelsalat oder einem Stück Brot ist der schnelle Imbiss komplett. Für viele Urlauber ist der Weg zur Fischbude schon direkt nach der Ankunft am Ferienort ein Muss. **Fischbrötchen** mit geräuchertem, mariniertem oder gebackenem Fisch gehören einfach zu einem Besuch auf der Halbinsel dazu. Auch in den meisten Restaurants wird Fisch in allen Variationen serviert. Beliebt sind **Fischplatten** mit gebratenen Filets von Lachs, Dorsch und Zander, serviert mit einer körnigen Senfsoße und Bratkartoffeln. Für den kleinen Hunger bietet sich außerdem eine **Fischsuppe** an. Nur im Mai und Juni steht der **Hornhecht** auf der Speisekarte. Dann kommt der Arbeiteraal genannte Fisch mit der nadelspitzen Nase zum Laichen in die Boddengewässer. Mit seinen grünen Gräten ist er bestens geeignet für Anfänger, da sich diese leicht finden und entfernen lassen. Auch er wird traditionell gebraten.

Fast genauso häufig wie Fisch landen deftige **Fleischgerichte** auf dem Teller. Neben dem traditionellen **Mecklenburger Rippenbraten** vom Schwein gibt es auch **Rind** vom Gut Darß 11 und **Wild** aus dem angrenzenden Darßwald. Gerade im Herbst bieten viele Restaurants Reh, Wildschwein und Hirsch an. Wer gerne frisches Wildbret kaufen möchte, wird auf dem **Gut Darß** fündig, das sich überwiegend auf die Vermarktung von **Biofleisch** spezialisiert hat. Aus eigener Herstellung wird Rind, Kalb, Lamm und Büffelfleisch in Bioqualität angeboten. Besonders beliebt sind die Burger und Salamis vom Wasserbüffel. Zum Fleisch werden traditionell Kartoffeln, frisches regionales Gemüse und eine gute Soße gereicht. Gern dürfen sich fruchtige Zutaten wie Backpflaumen oder Äpfel dazugesellen. In einheimischen Küchen ist die Bindung von Gemüse mit einer Mehlschwitzsoße gebräuchlich, was zu Beginn des Fremdenverkehrs von vielen Besuchern noch als Arme-Leute-Küche angesehen wurde.

068fd-tm

Vorsicht vor hungrigen Möwen! Fischbrötchen sind sehr beliebt.

Alte Sorten wie **Wruken (Steckrübe)** erleben z. B. als Püree oder Eintopf eine Renaissance.

Auch für **Feinschmecker** gibt es eine Anlaufstelle: Das Gourmetrestaurant **Ostseelounge** (s. S. 18) in Dierhagen 1 wurde im Restaurantführer Gault & Millau mit 17 Punkten und außerdem mit einem Michelin-Stern bewertet. Durch das gestiegene Interesse am Gesundheitstourismus haben viele Restaurants zudem fleischlose Gerichte für **Vegetarier und Veganer** auf ihrer Speisekarte.

Wer es eher süß mag, für den sind die Angebote ebenfalls vielfältig. Kuchen, Torten und Gebäck werden in charmanten **Cafés** in idyllischer Lage angeboten und sind meist hausgemacht. Favorit vieler Süßschnäbel ist die fast überall angebotene **Stachelbeer-Baiser-Torte:** keine leichte, aber eine ausgesprochen schmackhafte Spezialität. Blechkuchen mit saisonalen Früchten und herb-fruchtige Torten mit **Sanddorn** sind ebenso beliebt. Sanddorn taucht ferner in Eiscreme und Cocktails sowie als Marmelade auf dem Frühstücktisch auf. In Zingst 18 bilden sich nachmittags Warteschlangen am Stand von Waffel-Maik (s. S. 56) direkt vor dem Kurhaus 19. Für die leckeren Herzwaffeln nimmt man eine längere Wartezeit gern in Kauf.

Im Norden trinkt man mit Vorliebe **Bier.** Die Fischland-Brauerei in Althagen und die Barther Brauerei haben **Craft Beer** im Angebot. Wenn es kühl wird, wärmt ein heißer Sanddornsaft, mit Honig gesüßt oder hochprozentig verstärkt. Ein kultiger Kräuterlikör aus Zingst ist **Swatter Haase.**

069fd-tm

Typisch norddeutsch und gesund: Dorsch mit Sanddornkruste

MEINE TIPPS

Lecker vegetarisch

- **Café nu** (s. S. 46)
- **Haus Linden** €€ <074> Gemeindeplatz 3, Prerow, Tel. 038233 636, https://haus-linden.de. Das Hotel kocht sowohl zum Frühstück als auch im Restaurant ausschließlich vegetarisch/vegan.
- **Restaurant im Hotel Haferland** (s. S. 130) in Wieck 12. Mit Zutaten aus dem hoteleigenen Garten werden frische regionale Gerichte kreiert, darunter viele vegetarische. Handgemacht und nachhaltig lautet die Devise.

Lokale mit guter Aussicht

- **Kaffeemühle** (s. S. 28) in Ahrenshoop 4: Blick auf die Boddenwiesen
- **Kranichhaus** (s. S. 55) in Zingst 18: Aussicht auf Zingster Strom und Kirr
- **Restaurant Fischhafen** (s. S. 74) in Ribnitz: Hafenleben vor der Tür
- **Restaurant Walfischhaus** in Born (s. S. 36): Ausblick auf den Bodden und die Bülten
- **Schlösschen Sundische Wiese** (s. S. 55) auf dem Ostzingst 22: Waldidylle im Biergarten

Was wo kaufen?

Bis auf Wieck 12 finden sich in jedem Ort auf der Halbinsel ein oder zwei **Supermärkte.** In Barth 23 und Ribnitz-Damgarten 28 auf dem Festland sind jeweils etwas außerhalb des Zentrums kleinere Einkaufsgebiete mit Supermärkten und weiteren Einzelhändlern entstanden. **Drogeriewaren** können auf der Halbinselkette, abgesehen von Zingst, nur in Supermärkten erworben werden. Diese führen oft auch eine gute Auswahl an regionalen Produkten, z. B. Sanddornspezialitäten.

Zum **Einkaufsbummel** durch die Boutiquen eignen sich am besten die Strandstraße in Zingst 18, die Waldstraße rund um das Ortszentrum von Prerow 13 und die Lange Straße, die es jeweils in Barth und in Ribnitz-Damgarten gibt. Große, bekannte Markenshops sollte man dort jedoch nicht erwarten, sondern eher kleine Geschäfte mit einer Vielzahl verschiedener Marken. Zu den Öffnungszeiten s. S. 123.

071fd-tm

Wer **Souvenirs** erstehen möchte, für den gibt es ein reichhaltiges Angebot, wenn auch der Verkauf klassischer Mitbringsel wie Postkarten, T-Shirts und Anstecker etwas abgenommen hat. Heute werden individuell gefertigte Kunstobjekte und kulinarische Spezialitäten als Andenken und Geschenk für Daheimgebliebene bevorzugt.

Im Sommer finden regelmäßig **Kunsthandwerksmärkte** statt, z. B. an der Seebrücke in Wustrow 2 und am Hafen von Prerow. Das Angebot reicht von Keramik und Schmuck bis zu dekorativen Objekten. Von Mai bis Oktober gibt es in allen Orten einen **wöchentlichen Markttag** (s. Liste S. 103). Dort lässt sich neben Lebensmitteln auch Kunsthandwerk er-

⌃ Händler an der Seebrücke Prerow 16 bieten bunte Souvenirs an

070fd-tm

< Ins Netz gegangen: Maritime Andenken gibt es in großer Auswahl

werben. In Prerow entdeckt man auf der kleinen Promenade zur Seebrücke 16 in kleinen **Pavillons** Souvenirs und Kunstgewerbeprodukte. Bei einem Bummel durch Ahrenshoop 4 locken einige **Töpfereien,** z. B. Uta Löber Keramik (s. S. 31). In Born 8 bietet Familie **Konow** in ihrem kleinen Geschäft (Konow-Maritim, s. S. 37) eine riesige Auswahl an **Buddelschiffen** und originellen, handgefertigten **Taschen aus Segeltuch** an. Hübsche Andenken und Darßer **Kräuterlikör** kann man außerdem im **Darß-Kontor** (s. S. 46) in Prerow erwerben.

Sanddornprodukte, vor allem Marmeladen, von der **Darßer Manufructur** (s. S. 39) sind ebenfalls ein wunderbares regionales Souvenir zum Vernaschen zu Hause. Die Produkte kann man auch in den Supermärkten in Ahrenshoop, Born, Prerow und Zingst kaufen. Ein leckeres Mitbringsel sind ferner die frischen und dauerhaft haltbaren **Fleischspezialitäten von Gut Darß** 11 sowie **Honig von Zum Honigdieb** (s. S. 74) in Klockenhagen. Goldgelb wie der Honig, aber deutlich langlebiger ist **Bernsteinschmuck** aus der Bernsteinstadt Ribnitz-Damgarten. Das Naturmaterial wird dort in verschiedenen Manufakturen, etwa der **Galerie E,** in modernen Formen präsentiert und stellt so eine schöne Erinnerung an den Urlaub an der Küste dar (s. S. 73).

MEIN TIPP

Regionalmärkte: Frisches und Individuelles entdecken

Die von April bis Oktober stattfindenden Regionalmärkte locken nicht nur mit **frischen Produkten,** z. B. Fleisch vom Gut Darß 11, sondern es nehmen auch Hersteller von **Kunsthandwerk** teil und bieten Keramik, Malerei und Schmuck feil.

- **Ahrenshoop** 4 (Zentrum): Do. 9–14 Uhr
- **Dierhagen** 1 (Hafen): Di./Fr. 9–13 Uhr
- **Wieck** 12 (Darßer Arche, s. S. 39): Mi./Sa. 9–13 Uhr
- **Zingst** 18 (Museumshof 21): Do. 10–14 Uhr

En miniature: Nachbildungen Darßer Haustüren (s. S. 45)

072fd-tm

Natur erleben

Über Jahrtausende veränderte sich durch das Zusammenspiel von Wind und Wellen das Aussehen dieses Landstrichs. Die wie ein **gekrümmter Zeigefinger** erscheinende **Halbinsel** formte sich durch Abtragung und Anlandung, wobei drei früher eigenständige Inseln nach und nach zusammenwuchsen. In den vergangenen rund 600 Jahren wurde der Mensch zunehmend zum Gestalter der Landschaft. Dass Fischland und Darß Ende des 14. Jh. Teil des Festlands wurden, geht auf sein Handeln zurück – mit dem Verschließen alter Flussmündungen förderte er den Zusammenschluss.

Die **unverfälschte Natur** ist der besondere Schatz von Fischland-Darß-Zingst. In nur wenigen anderen Regionen Deutschlands kann man Meer, Wald und Moor auf so engem Raum und so hautnah erleben. Für die Akademie für Geowissenschaften und Geotechnologien in Hannover ist die im Ostseeraum einzigartige Landschaft Grund gewesen, speziell dem Neudarß das **Prädikat „Nationales Geotop"** zu verleihen. Somit gilt dem Erhalt dieses Gebiets besondere Aufmerksamkeit. Nur durch diesen Schutzstatus lassen sich nach wie vor einmalige Naturschauspiele beobachten.

Die **Landschaft** unterliegt einem steten Wandel. Der **Frühling** bringt frische Farbe. Die Boddenwiesen und Weiden tragen ein sattes Grün zur Schau und im Schilf richten sich Brutvögel wie Löffelente und Gänsesäger ein. Die Rinder von Gut Darß (11) werden auf ihre Sommerweiden auf die Boddeninseln gebracht und dienen dort bis zum September als Landschaftspfleger. Bei den Moor-

Am Darßer Ort (17) sind die Strandseen besondere Lebensräume fröschen im Ribnitzer Moor erstrahlen die Männchen in hellem Blau. Im **Sommer** riecht es herrlich nach Wald und alles scheint zu schwirren und zu lärmen. Bachen mit ihren Frischlingen trauen sich dann bei der Futtersuche sogar bis an die Ortsränder. Wenn sich im **Herbst** im Darßwald [D2] die Blätter gelb-orange verfärben, die Kraniche morgens und abends laut trompetend über die Bodden ziehen und das Röhren der Hirsche weithin zu hören ist, ist auch für den Menschen der Tisch reich gedeckt. Zwischen den ersten herabgefallenen Blättern der Bäume entdeckt man Pilze. Der Herbst bringt zudem kräftige Stürme, die ganze Küstenabschnitte ins Meer stürzen lassen. Wenn dann der **Winter** das Ende des Jahres ankündigt, wird es auch im Wald und an den Küsten still. Oft sind auch die Bodden von Eis bedeckt und man sieht Seeadler an den wenigen freien Stellen jagen. Egal, ob allein, in der Gruppe oder vielleicht sogar bei geführten Touren mit den Nationalpark-Rangern (s. S. 82): Die Natur bietet ständig spannende Schauspiele für interessierte Besucher.

Die Ostsee: Bodden und Ausgleichsküste

Der Begriff **Bodden** begegnet einem bei einer Reise nach Fischland-Darß-Zingst unweigerlich, stellt für viele Gäste aber zunächst einmal ein Rätsel dar. Bodden sind seichte, von der Ostsee abgetrennte Buchten. Man nennt sie auch **Lagunen.** Die Bezeichnung stammt aus dem Altdeutschen und bedeutet so viel wie „Grund“ oder „Boden“. Nach der letzten **Eiszeit** wurden flache Vertiefungen, z. B. aus Grundmoränen oder Gletscherzungenbecken, überflutet und durch die Anlandung von Material im Zuge der Küstendynamik immer mehr vom Meer abgegrenzt. Natürliche Barrieren wie Inseln, Nehrungen, Landzungen etc. ließen in ihrem Rücken diese einzigartigen Lebensräume entstehen. Bodden sind **Brackwassergebiete,** die zum einen durch einströmende Flüsse mit Süßwasser versorgt werden. Zum anderen wird durch die Verbindung zur Ostsee Salzwasser in die Bodden gespült. Aufgrund dieser Öffnungen, und sei es auch nur in Form von engen Rinnen, werden Bodden weder dem Meer noch den Binnenseen zugeordnet. Sie zeichnen sich neben dem geringen Salzgehalt besonders durch fehlenden Seegang und einen hohen Nähstoffgehalt aus. Zwischen Ribnitz 28 und Zingst 18 gibt es eine ganze **Kette von Bodden,** beginnend mit dem Ribnitzer See, dem Saaler Bodden, dem Bodstedter Bodden bis hin zum Barther Bodden und der Grabow, die den Übergang zur Ostsee darstellt.

074fd-tm

Durch ein Fernglas lässt sich die Vogelwelt noch besser beobachten

An der **Ostseeküste** präsentiert sich eine ausgesprochen aktive Geologie. Die Grundlage bilden Moränenbuckel und kleinere Höhenzüge, z. B. der Bakelberg oder der Schifferberg, die durch die Senkung der pommerschen Platte und die eiszeitlichen Verwerfungen entstanden sind. Als vor mehr als 6000 Jahren das Wasser des Atlantiks in die eiszeitlichen Rinnen floss und die Ostsee in ihrer heutigen Ausdehnung entstand, blieben Teile dieser Anhöhen über dem Meeresspiegel.

In der Folge wurde das Land durch Wind und Wellenbewegung umverteilt – bis heute. Dieses Phänomen ist als **Ausgleichsküste** bekannt: An den Rändern der erdgeschichtlich ältesten Teile wird Neuland angeschwemmt. Durch diese Neulandbildung entstehen neue Sandfänge, an denen wiederum Material hängen bleibt. Somit setzt sich der Prozess weiter nördlich fort.

Das an den Steilküsten des Fischlands abgetragene Material baut so mit der Zeit den **Vordarß** und den besonders jungen **Neudarß** auf. Die Landspitze am **Darßer Ort** 17 wächst jährlich um mehrere Meter in die Ostsee, ebenso wachsen Teile des Zingst in Richtung Hiddensee. Der Grundriss der Halbinselkette ändert sich also noch immer fortlaufend.

078fd-tm

Dieses „frische" Land ist in der frühen Entstehungsphase zunächst unfruchtbar. Bald jedoch siedeln sich auf dem Sand hinter dem Spülsaum, jenem Uferbereich, an dem Material wie z. B. Seetang abgelagert wurde, **erste Pflanzen** an, so die Stranddistel oder die Salzmiere. Diese wiederum bilden den Nährboden für die Ansiedlung weiterer Vegetation. Über die Jahrtausende wird so aus der **Weißdüne**, die noch fast ausschließlich aus Strandsand besteht, eine **Graudüne** mit dünnem Pflanzenbewuchs und am Ende des Prozesses eine **Braundüne** mit dünner Humusschicht, auf der erste Bäume wachsen können. So ist ein großer Teil des Darßwaldes entstanden. Tatsächlich begegnet man heute mehrere Hundert Meter von der Küste entfernt einem Stück des einstigen Meeresufers: der Steilküste des Altdarß, bevor dort der Neudarß vorgelagert wurde.

So ist ein faszinierendes und zugleich zerbrechliches Ökosystem entstanden. Die aufgeworfenen **Strandwälle**, die sich langsam mit Wald bedecken, unterteilt man in Reffen (Dünenrücken) und Riegen (Dünentäler). Diese Abfolge lässt sich auf dem Darß nahezu 140-mal erkennen. Typische Baumarten der Reffen sind Buche, Stieleiche und Kiefer. In den

◁ *Windflüchter wie diese sind typisch für den Darßer Weststrand*

075fd-tm

sumpfigen Senken dominieren Birken und Erlen. Die Besiedlung von Prerow ⓭ erfolgte auf einem solchen Gebiet.

Nationalpark Vorpommersche Boddenlandschaft

Der **größte Nationalpark in Mecklenburg-Vorpommern** umfasst 786 km² mit 71 km Außen- und 300 km Binnenküste. 85 % des Nationalparks sind Wasserfläche. Er besteht aus Ostsee- und Boddengewässern sowie Wald, Moor und Wiesenflächen und erstreckt sich zwischen Darß-Zingst, Hiddensee und West-Rügen. Der Nationalpark wurde 1990 gegründet und schützt sensible Flachwasser- und Waldökosysteme. Die Ausgleichsküste auf der Ostseeseite mit ihren Sandbänken und Nehrungen ist ein dynamischer und einzigartiger Lebensraum und zudem sehr wichtig für den Küstenschutz.

⌃ Die Kernzone des Nationalparks dient als Rückzugsort für viele Tiere, etwa Vögel und Rothirsche

Auf der **Boddenseite** haben sich Windwatte, Priele und Salzwiesen gebildet. Windwatte entstehen, wenn ablandige Winde das Wasser aus den Bodden drängen. Dann bilden sich kurzzeitig Flächen, die trockenfallen – dies ist etwa am Pramort ㉒ der Fall. Priele sind kleine Wasserläufe und Salzwiesen werden häufig mit Meerwasser überspült. Alles in allem ist dies also ein idealer Lebensraum für Watvögel (Limikolen), Enten, Schwäne und Kraniche. Die Region ist in der Tat ein wichtiges **Vogelschutzgebiet.** Von den 163 hier lebenden Brutvogelarten stehen 70 auf der Roten Liste gefährdeter Brutvogelarten in Mecklenburg-Vorpommern. Besucher können die Tiere beobachten, entweder von einer der **Aussichtsplattformen** aus oder gemeinsam mit den **Nationalpark-Rangern.**

Der **Darßwald** ist ein Mischwald aus Buchen, Erlen, Birken und Kiefern. Die an den Rändern dem Wind ausgesetzten Bäume zählen zu den Besonderheiten der Landschaft. Diese sogenannten **Windflüchter** sind ein malerisches Fotomotiv. Im Darßwald wurde zu DDR-Zeiten **Harz** ge-

wonnen, indem man die Bäume ritzte und das Harz in an die Bäume befestigte Gläser laufen ließ – eine aufwendige und wenig ertragreiche Arbeit, deren Spuren man noch heute an den Bäumen sehen kann. Wildschweine und Rothirsche kommen im Darßwald in großer Zahl vor.

Teil des Nationalparks sind zudem teilweise oder vollständig verlandete **Strandseen** und **Moore.** Letztere sind beispielsweise im **Osterwald** auf dem Zingst zu finden.

Die Gründung des Nationalparks kam 1990 gerade rechtzeitig. Intensive konventionelle **Landwirtschaft** hatte über viele Jahrzehnte für einen hohen Nährstoffeintrag durch Mineraldünger gesorgt. Gleichzeitig hatte die Industrie, z.B. in Ribnitz, ungeklärte Abwässer in den Bodden geleitet und ihn damit an den Rand des Kollapses gebracht. Auch die Anlage unzähliger Wassergräben, u.a. zur Gewinnung von Weideflächen, hatte viele der Salzwiesen und Flachwasserbiotope zerstört. Seit über 30 Jahren spielen nun ökologische Bewertungen eine entscheidende Rolle, die Naturlandschaft erholt sich langsam.

Die ansässigen Landwirtschaftsbetriebe beweiden heute Flächen im Nationalpark im Einklang mit dem Naturschutz, so z.B. die Insel Kirr [F–G3] im Zingster Strom.

Besucher können große Teile des Nationalparks auf Wander- und Radwegen (z.B. Wanderung 1 auf S. 82), an Aussichtspunkten sowie im Rahmen von Schifffahrten erleben. Die Kernzonenbereiche sind, vor allem auf dem Darß und Zingst, markiert und alle Besucher sollten die **Verbote respektieren,** um diese einzigartige Landschaft auch für zukünftige Generationen zu erhalten.

Tierische Hauptdarsteller im Nationalpark

Im Herbst zieht es besonders viele Naturbegeisterte und vor allem Fotografen in die Region. Die Rothirschbrunft und der Kranichzug sind zu Besuchermagneten geworden.

⌃ *Einmaliges Naturschauspiel: Kranichzug bei Sonnenaufgang*

Der **Graue Kranich** *(Grus grus)* zieht im Spätsommer und Herbst von seinen Brutplätzen im Norden Schwedens und dem Baltikum gen Süden nach Spanien, wo er den Winter verbringt. Die Vorpommersche Boddenlandschaft mit ihren flachen Gewässern ist der ideale Rastplatz für den 1,20 m großen Vogel. In der Hauptzeit des Kranichzugs sind bis zu 70.000 Vögel gleichzeitig hier. Damit die Tiere nicht die bereits ausgebrachte Wintersaat fressen, streut der Naturschutzbund NABU auf einigen schon abgeernteten Feldern Maiskörner als Ablenkungsfutter aus. So sollen Konflikte mit den Landwirten verhindert werden. Tagsüber lassen sich die Kraniche gut auf den Feldern beobachten und abends beim Anflug auf die Schlafplätze im flachen Wasser, wo sie vor Feinden geschützt sind. Die Fahrgastreedereien der Region bieten im September und Oktober **Abendfahrten zur Kranichbeobachtung** an (s. S. 125). Ein besonders reizvoller Beobachtungspunkt ist **der Aussichtspunkt am Pramort** auf dem Zingst (s. Radtour 1 S. 87).

Um die sensiblen Vögel nicht zu stören, ist der Zutritt zum Pramort von September bis November streng begrenzt. Nur wer eine der 60 pro Tag verfügbaren **Nationalpark-Cards** erwirbt, kann dort den abendlichen Kranichzug beobachten.

Im Darßwald, vor allem rund um den Darßer Ort, leben viele **Rothirsche.** Im 19. und 20. Jh. wurden diese gezielt angesiedelt, um den hohen Herren ihr Jagdglück zu garantieren. Im Herbst, während der **Brunftzeit,** kann man die imposanten Tiere z. B. vom **Rundwanderweg** am Leuchtturm Darßer Ort oder bei einer geführten Tour mit den Nationalpark-Rangern beobachten. Ihr Röhren ist dann bis weit in die Orte zu hören.

› **Nationalpark-Card „Beobachten – ohne zu stören“**, 1. Sept. bis 31. Okt., Zugang zum Pramort 22 15–19 Uhr möglich, 7,50 € pro Karte, Verkauf limitiert auf 60 Stück/Tag, Vorverkauf in der Tourismusinformation im Kurhaus Zingst (s. S. 55) und online unter www.zingst.de/napa-cardbuchung

› **Infopunkt Sundische Wiese:** www.nationalpark-vorpommersche-boddenlandschaft.de (unter „Erleben & Erholen“ / „Nationalparkinformationen“), geöffnet: Ostern–Okt. tgl. 9–15.30 Uhr, Ausstellung zu Geschichte und Besonderheiten der Sundischen Wiese und Infos zur Vogelbeobachtung

› **Führungen zur Rothirschbrunft:** über den Förderverein Nationalpark Boddenlandschaft e. V., Termine und Infos unter www.bodden-nationalpark.de/die-erlebnisse/hirschkonzerte

077fd-tm

Tagsüber suchen die Kraniche auf den Feldern nach Futter

081fd

Von den Anfängen bis zur Gegenwart

Nach der letzten Eiszeit, vor rund 9000 Jahren, stiegen in Nordeuropa die Meeresspiegel und drei kleine Inseln schauten aus dem Wasser: Fischland, Darß und Zingst. Später wuchsen sie zu einer Halbinsel zusammen. 4000 v. Chr. zogen die ersten Jäger und Sammler in die Gegend und rund 500 Jahre später besiedelten die Germanen das Fischland bei Wustrow 2*. Damit begann die wechselvolle Geschichte der Halbinsel, die von sich häufig ändernden Herrschaftsansprüchen und einschneidenden Naturereignissen geprägt ist. Bescheidenen Wohlstand für die Menschen brachte die Fischerei und im 19. Jh. die Segelschifffahrt. Seit rund 70 Jahren bestimmt der Tourismus das Antlitz der Region und das Leben vieler Menschen.*

um 600 Slawen lassen sich bei Wustrow nieder.

12. Jh. Die deutsche Ostkolonisation bringt Siedler aus Niedersachsen und Holstein in die Region. Das legendäre Vineta soll bei einer Sturmflut in der Ostsee versunken sein – einige Theorien vermuten die sagenumwobene Stadt in der Nähe von Barth 23.

13. Jh. Ribnitz 28 (1233), Wustrow (1235) und Barth (1255) werden erstmals urkundlich erwähnt.

1296 Mönche des Klosters Neuenkamp erhalten die Insel Zingst von Wizlaw II. von Rügen. Prerow 13 wird erstmals urkundlich erwähnt.

1323 Das Ribnitzer Klarissenkloster 30 wird gegründet.

1328–1669 Fischland ist im Besitz des Ribnitzer Klosters.

1390er-Jahre Die Hansestädte Rostock und Stralsund gehen gegen die Häfen auf dem Fischland vor und verschütten deren Einfahrten.

Fischland-Darß-Zingst im Jahr 1761, Zeichnung von Ingenieur Andreas August Rhode

Die Sturmflut von 1872

Die Bewohner dieser Küstenregion sind Sturmhochwasser gewohnt. Was aber 1872 am 12. und 13. November geschah, wurde eine Katastrophe bisher unbekannten Ausmaßes.

Tagelang drückte starker Südwestwind das Wasser der Ostsee in Richtung Baltikum. Die Folge war ein extremes Niedrigwasser entlang der Halbinsel. Das Meer war nur weit entfernt am Horizont auszumachen. Am 10. November flaute das Unwetter ab und es setzte die sprichwörtliche Stille vor dem Sturm ein. Aus der Nordsee strömte Wasser in die nun tieferliegende südliche Ostsee. Während das im Nordosten aufgestaute Wasser langsam zurückfloss, kündigte der einsetzende Ostwind die Katastrophe an. Der Wind nahm stündlich an Kraft zu, erreichte bereits am 12. November Orkanstärke und schob immer größere Wassermassen vor sich her. Die Ostsee stieg unaufhaltsam weiter. Einen wirksamen Hochwasserschutz gab es damals noch nicht. Der Pegel erreichte mit mehr als 2,70 m über NN einen neuen Rekordstand. Als am Morgen des 13. Novembers die See bei Zingst 18 durch die Dünen brach, stand Prerow 13 schon unter Wasser. Auch Ahrenshoop 4 wurde überflutet. Die Menschen suchten Schutz auf Hausdächern, in Prerow retteten sie sich in die erhöht stehende Kirche. Die kleine Mary Ewert aus Zingst wurde samt ihrer Wiege aus dem Dachfenster gespült und bis in den Freesenbruch getrieben, wo sie nach zwei Tagen unverletzt gefunden wurde. Die Wiege steht heute im Museum Zingst 21. Allein in Prerow jedoch forderte das Hochwasser zehn Menschenleben. Häuser und Felder wurden auf Jahre zerstört, Brunnen durch das Salzwasser für lange Zeit unbrauchbar. Am Krabbenort spülte das Wasser einen Münzschatz aus dem Sand.

Als Folge dieser desaströsen Sturmflut und einer weiteren im Jahr 1874 begann ein umfangreicher Deichbau. Der Prerowstrom wurde als Schutzmaßnahme teilweise zugeschüttet und Zingst durch Eindeichung zur Halbinsel. Deutschlandweit berichteten Zeitungen vom Schicksal der Bewohner entlang der Küste. Die mediale Aufmerksamkeit sorgte für viele Spenden und brachte bald auch mehr Touristen in die nun bekannt gewordene Region. Das Hochwasser von 1872 gilt als Jahrtausendereignis – die Pegel von damals dienen noch heute als Maßstab beim Deichbau.

079fd-tm

1441 Pommernherzog Barnim VIII. erwirbt Darß und Zingst.

1534 Pommern, inklusive Darß und Zingst, wird im Zuge der Reformation protestantisch, Fischland erst 1549.

1618–48 Der Dreißigjährige Krieg verheert weite Teile des Landes.

1637 Die Linie der Pommernherzöge stirbt aus.

1648 Darß und Zingst gehören zu Schweden.

1694 Eine Sturmflut zerstört Teile der Halbinsel.

1696 Schwedische Landvermesser legen eine erste Karte der Halbinsel an.

1715–20 Im Nordischen Krieg fallen Darß und Zingst an Dänemark, das große Teile des Darßwaldes abholzen lässt.

18. Jh. Beginn der Segelschifffahrt auf dem Fischland

1806 Aufhebung der Leibeigenschaft auf Darß und Zingst (Fischland erst 1820)

1807 Franzosen besetzen das Land.

1815 Schwedisch-Pommern (Darß/Zingst) fällt nach dem Wiener Kongress an Preußen.

1837 Eine Holzbrücke verbindet Prerow mit dem Zingst.

1846 Die staatliche Navigationsschule in Wustrow (s. S. 21) wird eröffnet.

um 1850 Die sogenannte Bauernschifffahrt erlebt ihre Blüte auch in Prerow und Zingst 18.

1865 Prerow wird Gründungsmitglied der Deutschen Gesellschaft zur Rettung Schiffbrüchiger (DGzRs).

1871 Die Halbinsel wird Teil des Deutschen Reiches.

1872 Im November zerstört eine schwere Sturmflut weite Teile der Halbinsel (s. S. 111).

1874 Nach einer weiteren Sturmflut beginnt der Ausbau des Küstenschutzes.

Ende 19. Jh. Niedergang der Schifffahrt, massive Abwanderung der Bevölkerung

1892 Erste Künstlerhäuser entstehen in Ahrenshoop 4.

1909 Der Kunstkaten 6 in Ahrenshoop wird eröffnet.

1910 Die Darßbahn verbindet Prerow und Zingst mit Barth auf dem Festland. Die Halbinsel erhält damit Anschluss an das nationale Eisenbahnnetz.

1929 Die Fischlandchaussee nach Wustrow wird gebaut.

1937 Die Wehrmacht nutzt Teile von Zingst als Flak-Übungsplatz.

1939–45 Während des Zweiten Weltkriegs bricht der Fremdenverkehr ein.

1945 Besetzung der Halbinsel durch die Rote Armee und Beginn der Demontage der Darßbahn als Reparationsleistung

1952 Nach Auflösung der Länder in der DDR wird die Halbinsel Teil des Bezirks Rostock.

1953 „Aktion Rose" – Verstaatlichung von Hotels und Pensionen durch Enteignung privater Besitzer. In den folgenden Jahren entstehen zahlreiche Kinderferienlager und Betriebsferienheime.

1957 Weststrand, Darßer Ort 17 und die Hohe Düne bei Pramort 22 werden unter Naturschutz gestellt.

1959 Zwischen Ahrenshoop und Born 8 wird eine befestigte Straße angelegt.

Sept. 1990 Der Nationalpark Vorpommersche Boddenlandschaft wird gegründet.

3. Okt. 1990 Die Halbinsel gehört nach der Wiedervereinigung zum neu gegründeten Bundesland Mecklenburg-Vorpommern.

1995 Die Sturmflut am 3./4. November verursacht schwere Schäden.

2002 Zingst wird Ostseeheilbad.

2013 Eröffnung des Kunstmuseums Ahrenshoop 5

2017 Ahrenshoop feiert das 125. Jubiläum der Künstlerkolonie.

2022 Baubeginn des neuen Inselhafens an der Seebrücke Prerows 16

PRAKTISCHE REISETIPPS

082fd-tm

083fd-tm

Die beiden Hansestädte sind jeweils nur rund eine Stunde von Fischland-Darß-Zingst entfernt

An- und Rückreise

Mit dem Auto

Die meisten Gäste reisen mit dem Pkw an. Die Hauptzufahrtsrouten sind die **B 105** aus Richtung Rostock oder Stralsund und die Autobahn **A 20** (Abfahrt Bad Sülze/Ribnitz-Damgarten 28). Zugang zur **Bäderstraße L 21**, die über die Halbinselkette führt, erhält man einerseits von der B 105 am Abzweig in Altheide und andererseits in Löbnitz via Barth 23 bzw. über die Nebenstrecke durch Bodstedt und Fuhlendorf 27. Beide Strecken sind in der Hauptsaison und an den Wochenenden stark frequentiert. Bei der Anfahrt über Barth sind außerdem die Öffnungszeiten der **Meiningenbrücke** [F3] zu beachten:

› **Brückenöffnung Meiningenbrücke:** April–Mitte Sept. 7.45, 9.45, 17.45 und 20 Uhr für je ca. 15 Min., Nov.–Ende März nur Di. 10.30 Uhr und Do. auf Anfrage unter Tel. 038321 417

Mit der Bahn

In **Ribnitz-Damgarten (West)** halten mehrmals täglich IC- und ICE-Züge auf dem Weg nach Binz/Rügen, Stralsund oder Greifswald und der durch die ODEG betriebene Regionalexpress von Rostock nach Sassnitz. Es besteht Anschluss an den **Linienbus 210**, der in allen Orten auf Fischland-Darß-Zingst hält.

Für die Anreise nach **Barth** bzw. von dort weiter nach Zingst 18 ist zudem der Bahnhof **Velgast** relevant. Die Usedomer Bäderbahn (UBB) ver-

Vorseite: Motorboote für Ausflüge auf dem Bodden

kehrt von Velgast bis Barth, von dort gelangt man mit dem Linienbus 210 nach Zingst oder Prerow 13.

› **Infos:** www.bahn.de und www.odeg.de

Mit dem Boot

Immer beliebter wird die Anreise mit dem eigenen Boot. Auf der **Ostseeseite** gibt es aktuell noch **keinen Hafen für Gastlieger.** Bis Ende 2023 entsteht an der Seebrücke Prerow ein Inselhafen, in dem auch Plätze für Sportboote geschaffen werden.

Die **Boddengewässer** bieten jedoch **etliche empfehlenswerte Häfen** mit modernen Anlagen für Bootstouristen. Bei der Anfahrt nach Ribnitz, Althagen [B4], Wieck 12 etc., also Orten im Saaler oder Bodstedter Bodden, sollte die **Brückenöffnung der Meiningenbrücke** (s. S. 114) beachtet werden. Barth hingegen lässt sich jederzeit ansteuern. Da die Häfen im Allgemeinen sehr **zentrumsnah** liegen, erreicht man Restaurants, Hotels und Einkaufsmöglichkeiten in allen Orten gut zu Fuß. Hier seien beispielhaft zwei Häfen genannt:

› **Stadthafen Barth** 25, Hafenmeisterbüro, Hafenstr. 10 a, Tel. 038231 66964, www.stadt-barth.de/maritimes-hafenleben-zu-lande-und-zu-wasser/hafen, Seefunk Kanal 15 in der Saison Mo.–Fr. 9–19 Uhr. Moderner Hafen mit Strom- und Wasseranschlüssen, Entsorgungsmöglichkeiten und einer Schiffswerft mit Jachtservice sowie Tankstelle.

› **Wasserwanderrastplatz Dierhagen Dorf** <075> Hafenstr. 10 a, www.ostseebad-dierhagen.de, Hafenmeister Peter Zobel, Tel. 0170 4512671. 54 Gastliegeplätze mit Strom- und Wasseranschluss sowie Entsorgungsmöglichkeiten, dazu ein Mehrzweckgebäude mit Duschen/WCs und WLAN.

Autofahren

Auch wenn der Nahverkehr (s. S. 131) gut ausgebaut ist und die meisten Ziele mit dem Fahrrad erreichbar sind, bleibt das Auto das **Hauptverkehrsmittel** auf der Halbinselkette.

Die **L 21**, auch **Bäderstraße** genannt, führt durch alle Orte. In den **Sommermonaten** ist mit **erhöhtem Verkehrsaufkommen** auf der Bäderstraße zu rechnen, da es nur diese eine Verbindung über die Halbinsel gibt. Die abzweigenden Straßen in den Seebädern und Dörfern sind in der Regel ausreichend breit, sie sind asphaltiert oder mit gut zu befahrendem Kopfsteinpflaster ausgestattet. Innerorts kommen auch Sand- und Feldwege vor, meist jedoch als Zufahrten zu privaten Gehöften oder Unterkünften. Dass diese Wege noch nicht ausgebaut worden sind, hängt

084fd-tm

Auch hier kann man ankern: Marina in Ribnitz 28

auch mit dem Wunsch der Gemeinden zusammen, so die dörfliche Atmosphäre zu erhalten. Zudem trägt es zur Verkehrsberuhigung bei. Allgemein ist der Zustand der Straßen sehr gut.

In den Ortslagen teilen sich Autofahrer häufig mit **Radfahrern** die Straße und es ist Achtsamkeit geboten. Die meisten Radwege verlaufen jedoch abseits der Straßen bzw. auf den Deichkronen. Besonders im Herbst sollten Autofahrer in der Frühe und abends mit **Wildwechsel** rechnen. Es wird empfohlen, auch tagsüber das **Abblendlicht** einzuschalten. Mit dem Auto in den **Nationalpark** zu fahren, ist **streng verboten.**

Wer im Nationalpark wandern oder zum Strand möchte, findet gute und günstige **Parkplätze**, z. B. Drei Eichen bei Ahrenshoop (4).

Strandparkplätze sind zwischen Ahrenshoop und Born (8) sowie zwischen Prerow (13) und Zingst (18) vorhanden. Diese sind in der Regel unbefestigt, aber gut befahrbar. In den **Orten** gibt es etliche **Parkangebote** (Details im Kapitel „Fischland-Darß-Zingst entdecken", jeweils unter „Infos und Reisetipps"), teilweise ist auch das Parken mit Parkscheibe für einen Zeitraum von 30 Min. bis 2 Std. möglich, so z. B. in Ahrenshoop oder Born. Da die Tarife, abgesehen von privaten Parkplätzen, relativ einheitlich sind, empfiehlt es sich, den ersten freien Parkplatz zu nehmen und nicht lange zu suchen. Man bezahlt entweder pro Stunde (günstigste Tarife ab 1 €/Std.) oder man wählt die **Tageskarte**, die sich meist ab einer Verweildauer von mehr als fünf Stunden rechnet. Tageskarten kosten zwischen 5 und 12 €, von November bis April zahlt man oft nur die Hälfte. An vielen Automaten ist das Bezahlen mit einer Park-App auf dem Smartphone oder der EC-Karte möglich. Trotzdem empfiehlt es sich, etwas Münzgeld für die Parkautomaten mitzubringen. Auf den meisten Parkflächen darf man nicht über Nacht stehen. Die Mehrzahl der Quartiere bietet Gastparkplätze an, jedoch nur selten kostenfrei.

Tankstellen gibt es in Born und Zingst sowie auf dem Festland in Barth (23) und Ribnitz-Damgarten (28).

Wohnmobile kommen auf den gut ausgebauten Straßen problemlos voran. Zum Abstellen des Fahrzeugs sollten allerdings die großen Parkplätze am Ortsrand gewählt werden. Es gibt keine Höhen- oder Größenbeschränkungen in den Orten. In engen Nebenstraßen, z. B. in Zingst, kann das Rangieren mit großen Caravans aber durchaus eine Herausforderung werden. Camping- und Wohnmobilstellplätze sind in ausreichender Zahl vorhanden. Wegen der großen Nachfrage ist jedoch eine Reservierung ratsam.

Barrierefreies Reisen

Allgemein ist die Barrierefreiheit auf Fischland-Darß-Zingst zwar nicht lückenlos vorhanden, aber gut vorangeschritten. Unter Barrierefreiheit versteht man jedoch meist nur die Zugänglichkeit für **Gäste mit Rollstuhl.**

Es gibt **Behindertenparkplätze** in allen Ortskernen. Die meisten Strandparkplätze sind für Rollstühle nicht geeignet, da diese oft nicht befestigt sind. Die **Gehsteige** sind u. a. in Ribnitz-Damgarten (28), Zingst (18) und

▷ *Mit dem strandtauglichen Rolli geht es sogar bis ins Wasser*

Wustrow 2 teilweise barrierefrei ausgebaut. Alle **Seebrücken** sind stufenlos zugänglich. In kleinen Nebenstraßen muss man jedoch mit **Kopfsteinpflaster** oder Sand bzw. Schotter rechnen.

Viele **Sehenswürdigkeiten und Museen** haben sich auf die Bedürfnisse von Gehbehinderten eingestellt und bieten Rampen, stufenlos zugängliche Ausstellungsräume oder Fahrstühle. So sind z.B. die Darßer Arche (s.S. 39) in Wieck 12, das Max Hünten Haus (s.S. 53) in Zingst und das Kunstmuseum Ahrenshoop 5 barrierefrei zugänglich. Auch einige **Fahrgastschiffe** verfügen über Rampen oder stufenlose Zugänge.

Auf den Wanderwegen des **Nationalparks** und in historischen Ausstellungsräumen z.B. am Darßer Ort 17 (Natureum, s.S. 48) kann **keine Barrierefreiheit** garantiert werden.

Die Mehrzahl der **Radwege**, insbesondere zwischen Prerow 13 und Zingst, von Zingst nach Pramort 22 und rund um Ahrenshoop 4, sind breit und asphaltiert oder aber sehr gut befestigt und somit gut für **Handbikes** nutzbar.

Barrierefreie Strandzugänge bieten u.a. die Seebäder Prerow, Ahrenshoop und Zingst. An manchen Abschnitten führen Holz- oder Betonwege bis ungefähr zur Strandmitte. Ferner lassen sich in Wustrow, Prerow und Zingst kostenlos spezielle **Strandbuggys** leihen, die zum Befahren des Strandes und zum Baden geeignet sind. Mit großen Rädern und einer speziellen Bauweise ersetzen sie den Rollstuhl. Es wird empfohlen, eine Begleitperson mitzubringen, die Mitarbeiter des Roten Kreuzes am Rettungsturm helfen Alleinreisenden aber auch gern weiter.

Wer mit dem Linienbus unterwegs ist, sollte vorab in den Fahrplänen prüfen, für welche Abfahrten ein **Niederflurbus** vorgesehen ist.

In den Unterkunftsverzeichnissen der einzelnen Urlaubsorte sind **Unterkünfte mit barrierefreien Zimmern** gelistet.

Infos zu barrierefreien Angeboten bietet die Website des Tourismusverbands Fischland-Darß-Zingst:

› www.fischland-darss-zingst.de/uebernachtungen/urlaub-fuer/barrierefreier-urlaub

085fd-tm

Barrierefreie Strandzugänge

- **Ahrenshoop:** Strandaufgang 4 mit Holzsteg
- **Dierhagen** 1: Strandaufgang 15
- **Prerow:** an der Seebrücke (Baustelle bis Ende 2023)
- **Wustrow:** Strandaufgang 5
- **Zingst:** neben der Seebrücke
- **Behindertengerechte WCs und Parkplätze** befinden sich jeweils in der Nähe, ca. 100–500 m entfernt.

Hilfsangebote und Fahrdienst

- **Sanitätshaus & Bioreform Griephan** <076> Strandstr. 41, Zingst, Tel. 038232 17980, www.sanitaetshaus-griephan.de. Angebot von Mobilitätshilfen, unter anderem Verleih von Rollstühlen oder Rollatoren.
- **Taxi Hübner** <077> Am Petersdorfer Weg 13, Ribnitz-Damgarten, Tel. 03821 720555, www.taxi-ribnitz.de. Taxiunternehmen mit Spezialisierung auf Krankenfahrten, auch Transport von Roll- und Tragestühlen.

Geldfragen

Urlaub an der Ostsee ist in der **Hauptsaison (Juni–Sept.)** nicht immer günstig. Wer frühzeitig bucht, außerhalb der Hochsaison fährt oder einen etwas längeren Weg zum Strand in Kauf nimmt, kann jedoch einige Euro sparen. So sind **Ferienwohnungen** in Born 8 oder Wieck 12 traditionell günstiger als gehobene Hotels in den Ostseebädern. Wer mobil ist, übernachtet preiswerter auf dem Festland.

Pro Person sollte man fürs Parken, für einen Imbiss und eventuelle Eintritte (ohne Übernachtung) mit ca. 20 € pro Tag rechnen.

Ein wichtiger Kostenfaktor ist die **Kurtaxe,** welche die jeweilige Kurverwaltung erhebt. Bei Übernachtung in einer Unterkunft wird sie durch den Gastgeber abgerechnet. Mit der **Kurkarte** sind einige Rabatte und Sonderangebote (s. S. 119) verbunden. **Tagesgäste** sollten bei der Kurverwaltung oder am Automaten eine Tageskurkarte erwerben, da dies zunehmend kontrolliert wird. Kostenfreie Toiletten, Kurkonzerte, Theateraufführungen sowie Aktionen für Groß und Klein werden mit der Kurabgabe ebenso finanziert wie die Reinigung von Strand und Promenade sowie die Absicherung des Strandes durch die DLRG. Die Höhe der Kurtaxe hängt von der Saison und dem Ort ab. Auf Fischland-Darß-Zingst zahlt man in der Hochsaison (Mai–Sept.) pro Tag zwischen 2,40 und 2,60 €. **Kinder** bis 6 Jahre sind von der Abgabe befreit. Kinder und Jugendliche zwischen 7 und 17 Jahren zahlen eine ermäßigte Kurtaxe, in der Regel 50 % vom Standardsatz. In Barth 23 und Ribnitz-Damgarten 28 wird ebenfalls eine Kurabgabe erhoben, jedoch ist diese günstiger, z. B. 1,70 € in Barth. In der Nebensaison (Okt.–April) wird oft nur eine reduzierte Kurabgabe verlangt. Die Kurkarte gilt in allen Orten der Region, es muss also nicht mehrfach bezahlt werden.

Die großen **Banken** verfügen über (SB-)Filialen in Ribnitz-Damgarten und Barth. Auf der Halbinsel sind kleine Niederlassungen von Ostseesparkasse und Pommerscher Volksbank etwa in Zingst und in Prerow zu finden. **Geldautomaten** findet man oft in der Nähe von **Einkaufsmärkten.** Letztere bieten häufig an, kleinere Beträge an der Kasse im Rahmen des Einkaufens abzuheben. In vielen Geschäften und Restaurants ist eine **Kartenzahlung**, überwiegend mit **Debitkarte/Girocard**, möglich, dies sollte jedoch sicherheitshalber vorab erfragt werden.

Informationsquellen

Infostellen auf der Halbinsel

Bei den **Kurverwaltungen** bzw. **Touristinformationen** erhält der Gast umfassende Informationen zu Unterkünften, Veranstaltungen und Touren. Nach wie vor gibt es den klassischen Katalog mit Übernachtungsmöglichkeiten, er lässt sich bei der Kurverwaltung bestellen. Dazu gibt es Broschüren zu Events und Ausflügen sowie einen Ticketvorverkauf für Konzerte und Touren. Die Kurverwaltung organisiert ferner Veranstaltungen für Kinder in der Ferienzeit. In diesem Buch sind alle Kurverwaltungen und Touristeninfostellen der Urlaubsorte im Kapitel „Fischland-Darß-Zingst entdecken" jeweils unter „Infos und

Fischland-Darß-Zingst preiswert

- **Vorteile mit der Kurkarte** (s. S. 118): Besitzer einer Kurkarte kommen in den Genuss vieler Ermäßigungen. Standardmäßig sind Kurkonzerte, Aufführungen und Ausstellungen der Kurverwaltung kostenfrei. Zudem gibt es Preisnachlässe beim Eintritt zu Museen und Attraktionen. In Born 8 und Wieck 12 parken Kurkartenbesitzer kostenfrei im Ort. Inhaber einer Kurkarte (nur Übernachtungsgäste) der Stadt Ribnitz oder des Ostseebads Dierhagen nutzen die Busse der VVR in und zwischen beiden Ortslagen gratis.
- **Kaffeeklatsch geht auch günstig:** Viele Bäckereien unterhalten Filialen ganz in der Nähe von Seebrücke oder Promenade. Die Preise sind – bei sehr guter Qualität – in der Regel günstiger als in den Cafés und Restaurants. Generell gilt: Je weiter man sich vom Strand entfernt, desto weniger zahlt man für einen Imbiss.
- **Rad statt Auto:** Wer für die Urlaubszeit auf das Fahrrad umsteigt, spart Geld und Nerven. Leiht man das Rad für sieben Tage, werden oft nur fünf Tage berechnet. Eine Langzeitmiete lohnt sich also und man ist jederzeit mobil. Lästiges Parkplatzsuchen und Parkscheinziehen entfallen. Zudem sind alle Orte gut an das Radwegenetz angebunden und man ist schnell am Ziel.
- **Darßer Ort 17 preiswert erleben:** Das touristische Highlight schont den Geldbeutel. Wer sich zu Fuß oder mit dem Fahrrad auf den Weg dorthin macht, hat Zeit, die Schönheit des Darßwaldes zu genießen, denn der Rundwanderweg bietet großartige Ausblicke. Nur wer die Ausstellung im Natureum besichtigen oder auf den Leuchtturm steigen möchte, zahlt eine kleine Eintrittsgebühr.
- **Fotokunst kostenfrei bewundern:** Viele der im Rahmen des Umweltfotofestivals „horizonte zingst" (s. S. 96) ausgestellten Exponate im öffentlichen Raum sind in Zingst 18 ganzjährig zu sehen. Bei einem Spaziergang entdeckt man Bildtafeln, Fotos auf Garagentoren und kleine Kunstobjekte im Ort.

Reisetipps“ gelistet. Eine interaktive Karte mit allen **Kurverwaltungen** und den dazugehörigen Kontaktdaten findet sich auf dieser Website:

- www.fischland-darss-zingst.de/service/kurverwaltungen

Fischland-Darß-Zingst im Internet

- **www.darss.org:** Die Urlaubsorte auf dem Darß – Prerow 13, Born 8 und Wieck 12 – präsentieren sich hier gemeinsam. Es gibt Hintergrundinfos zu Traditionen und Sehenswürdigkeiten, aktuelle Meldungen und Veranstaltungstipps. Auch die Buchung einer Unterkunft ist hier möglich.
- **www.fischland-darss-zingst.de:** offizielle Internetpräsenz des Tourismusverbands, hochwertige Imagepräsentation mit Informationen zu allen Urlaubsorten und Möglichkeit zur Onlinebuchung
- **www.fischland-darss-zingst.m-vp.de:** Portal mit umfangreichen Infos zu Attraktionen und Anbietern. Auch Urlaubsangebote sind hier buchbar. Der Fokus liegt jedoch auf Informationen.
- **www.nationalpark-vorpommersche-boddenlandschaft.de:** Offizielle Homepage der Nationalparkverwaltung. Neben Exkursen zu Flora und Fauna gibt es Tipps zum angepassten Verhalten im Nationalpark und zu interessanten Führungen sowie Aktionen.

Unsere Literaturtipps

- Anders, Gerta: **Die Halbinsel Darß und Zingst,** Reprint 2015 der Ausgabe von 1956, Hinstorff-Verlag. Die Beschreibungen in diesem Buch haben in den mehr als 60 Jahren seit der Erstveröffentlichung nichts von ihrer Relevanz verloren. Gerta Anders war die erste Leiterin des Darß-Museums 15 in Prerow und eine engagierte Sammlerin von Wissen über ihre Heimat. Ihre Ausführungen sind informativ, unterhaltsam und warmherzig.
- Bernard, Nicole: **Die Kleine Seenadel** (Reihe, z. B. „Heimweh nach Fischland“), Fischlandverlag. Die Autorin ist im Sommer in Ahrenshoop 4 zu Hause und hat schon seit ihrer Kindheit eine besondere Beziehung zu Meer und Strand. Die ersten Geschichten sind eher zufällig entstanden, aber sofort sehr bekannt und beliebt geworden. Inzwischen sind viele verschiedene Abenteuer der Kleinen Seenadel erschienen und begeistern Klein wie Groß. Ein großartiges Mitbringsel für Kinder und Enkel zu Hause!
- Pala, Ivo: **Der Mädchenfischer. Ein Fall für Fuchs & Haas,** 2023, Eigenverlag. Krimis mit Lokalkolorit haben Hochkonjunktur und so gibt es auch eine Reihe mit Fischland-Darß-Zingst-Bezug. Ivo Pala beweist ein gutes Händchen für die Eigenheiten der Region. In der Reihe sind bereits rund 40 Bände erschienen. Eine angenehme Urlaubslektüre.
- Stutz, Reno/Wartenberg, Heiko: **Gestern auf Fischland, Darß und Zingst,** 2013, Hinstorff-Verlag. Ein umfangreicher Bildband mit vielen Hintergrundinformationen. Historische Aufnahmen werden durch kleine Geschichten ergänzt. Eine aufschlussreiche Lektüre vor allem für jene, die die Region schon länger kennen.

Publikationen und Medien

- **Der Darßer:** Das Magazin mit Geschichten und Aktuellem aus den Darß-Gemeinden kann in den Darßer Kurverwaltungen, den Supermärkten in Born und Prerow und im Darß-Museum 15 kostenfrei mitgenommen werden. Alle Ausgaben gibt es als PDF auch online unter www.ostseebad-prerow.de/de/gemeinde/der-darsser.html.
- **Ostseezeitung:** Auf Fischland-Darß-Zingst erscheint die landesweite Ostsee-Zeitung OZ mit dem Regionalteil Ribnitzer Zeitung.
- **Urlaubslotse:** Der im Sommer von der OZ produzierte Urlaubslotse mit Tipps zu Ausflügen und Veranstaltungen liegt kostenfrei in den Kurverwaltungen und vielen Hotels, Restaurants sowie Museen aus.

Medizinische Versorgung

Apotheken gibt es in Zingst 18, Prerow 13, Wustrow 2 sowie auf dem Festland in Ribnitz-Damgarten 28 und Barth 23.

Die größeren Urlaubsorte verfügen über **Allgemeinmediziner** oder **Kurärzte**, an die sich auch Urlauber wenden können. **Zahnärzte** und **Kinderärzte** sind u. a. in Ahrenshoop 4, Born 8, Zingst und Barth ansässig. Somit ist in der Regel innerhalb von 10 km eine Arztpraxis zu finden. Notfälle und schwerwiegende Erkrankungen werden von den **Bodden-Kliniken** in Ribnitz-Damgarten betreut.

- **Bodden-Kliniken** <078> Sandhufe 2, Ribnitz-Damgarten, Tel. 03821 700394 (Notaufnahme), www.bodden-kliniken.de. Das Krankenhaus übernimmt die Versorgung eines Großteils der Region Nordvorpommern. Es gibt Fachabteilungen u. a. für Chirurgie und Innere Medizin.

- **Ärztlicher Bereitschaftsdienst:** Tel. 116117
- **Zahnärztlicher Notdienst:** www.zaekmv.de, tagesaktuelle Informationen zu Praxen mit Notfalldienst in Mecklenburg-Vorpommern

Mit Kindern unterwegs

Fischland-Darß-Zingst ist das **ideale Ferienziel** für Familien mit Kindern. Baden und Toben am Strand und zwischendurch ein Eis oder ein Backfischbrötchen – so lässt sich der Urlaub genießen. Viel Wissenswertes bieten die **Museen** der Region wie das Darß-Museum 15, das Bernsteinmuseum im Koster Ribnitz 30, das Natureum (s. S. 48) und die Darßer Arche (s. S. 39) – sie sind auch eine gute Alternative bei schlechtem Wetter. Im **Sommerkino Ostseebad Wustrow** (s. S. 24) unterhalten Kasper, Pittiplatsch und Co. Oder man unternimmt mit dem Nachwuchs eine **Radtour** durch den Wald oder an der Küste entlang. Ganz bequem macht man Entdeckungen bei einer Fahrt mit der **Darssbahn** (s. S. 124) in Prerow 13 oder Zingst 18 oder bei einer **Tour mit dem Kremser** zum Darßer Ort 17. Die **Reiterhöfe** (s. S. 94) bieten kleinen Urlaubern ebenso Abwechslung wie die vielfältigen **Wassersportangebote** (s. S. 78). Weitere spannende Aktivitäten:

- **Bomigo (Bowling Freizeitcenter)** <079> Boddenweg 13–15, Zingst, Tel. 038232 12200, www.bomigo.de, geöffnet: saisonal verschieden, an Wetter/Tageslicht angepasst (Details s. Website), Preise je nach Aktivität. Groß und Klein können

sich bei Bowling und Minigolf auspowern. Neben dem klassischen Minigolf gibt es auch Adventure-Minigolf. Gastronomie vorhanden.

› **Eselhof I-AAH Klockenhagen** <080> Am Tannenberg 7, Tel. 03821 390951, www.eselhof-klockenhagen.de, geöffnet: April–Okt. tgl. 10–18 Uhr, Eintritt: Erw. 5 €, Kinder 3–14 Jahre 3 € (Mai–Aug. 8 € bzw. 5 €), Hunde 1 €. Auf dem Hof sind neben den rund 30 Eseln auch Meerschweinchen, Zwergziegen und Kaninchen zu Hause. Wer möchte, kann – gegen Aufpreis – einen Ausritt auf einem Esel oder eine Kutschfahrt unternehmen.

■ **Experimentarium** <081> Seestr. 76, Zingst, Tel. 038232 84678, www.zingst.de/experimentarium, geöffnet: Jan.–März u. Sept.–Dez. Do.–So. 10–16 Uhr, April–Juni tgl. 10–16 Uhr, Juli/Aug. tgl. 10–18 Uhr, Eintritt: Erw. 5 € mit Kurkarte, Kinder ab 5 Jahren 5 €, Kinder 3–4 Jahre 3 €. Hier können sich Kinder an 70 Versuchsstationen bei Experimenten und Workshops ausprobieren und Naturwissenschaft spielerisch entdecken, ganz nach dem Motto „Der Neugier gehört die Zukunft".

› **Freilichtmuseum Klockenhagen** <082> Mecklenburger Str. 57, Ribnitz-Damgarten, OT Klockenhagen, Tel. 03821 2775, www.freilichtmuseum-klockenhagen.de, geöffnet: April–Okt. Di.–So. 10–17, Juli/Aug. bis 18 Uhr, Eintritt: Erw. 10 €, Kinder 7–16 Jahre 4 €, Familienkarte 23 €. Hier wurden ab 1960 ländliche Baudenkmale und -geräte zusammengetragen und zu einem einzigartigen Ensemble zusammengestellt. Neben den historischen Gebäuden und Gerätschaften sind hier alte Haustierrassen zu Hause. Für die kleinen (und großen) Besucher gibt es viele Mitmachangebote, z. B. Korbflechten, Weben, Schmieden und Backen, dazu Ponyreiten und Kutschfahrten.

› **Sportstrand Prerow** <083> Strandübergang 22, Tel. 01702712527, www.sportstrand-prerow.de. In diesem Strandabschnitt wird Sport für alle Altersgruppen geboten. Kinder von 6 bis 13 Jahren können hier Mo.–Fr. 9–13 Uhr mit qualifizierten Betreuern ohne die Eltern bei Beachsoccer, Beachvolleyball, Stand-up-Paddeln und weiteren Wassersportarten aktiv sein. Auch für Verpflegung ist gesorgt. Für 5 Tage mit je 4 Std. werden inkl. Fitness-Lunch 125 € berechnet. Wer nur 1 Tag dabei ist, zahlt 35 €.

Vergängliche Kunst: Kleckerburgen sind nicht für die Ewigkeit, aber ein Spaß für Groß und Klein

086fd-tm

Notfälle

Notrufnummern

- **Polizei:** Tel. 110
- **Feuerwehr/Krankenwagen:** Tel. 112

Polizei

Die Zuständigkeit für Fischland-Darß-Zingst teilen sich die Polizeireviere in Barth 23 und Ribnitz-Damgarten 28:

- **Polizeirevier Barth** <084> Baustr. 16, Tel. 038231 6720
- **Polizeirevier Ribnitz-Damgarten** <085> Damgartener Chaussee 41, Tel. 03821 8750

DLRG und DRK

Die **DLRG (Deutsche Lebens-Rettungs-Gesellschaft e. V.)** ist an den meisten Stränden in den Ortslagen der Seebäder vertreten. Stationen befinden sich an den Seebrücken bzw. Hauptstrandzugängen in Dierhagen 1, Wustrow 2, Ahrenshoop 4 und Prerow 13. In Zingst 18 hat das **Deutsche Rote Kreuz (DRK)** den Wasserrettungsdienst übernommen. Die Rettungsschwimmer sind in der Regel von Mitte Mai bis Mitte September im Einsatz. Der Weststrand [C1–2] auf dem Darß ist unbewacht.

Kartensperrung

Bei **Verlust der Debit-/Giro-, Kredit- oder SIM-Karte** gibt es für Kartensperrungen eine **deutsche Zentralnummer** (unbedingt vor der Reise klären, ob die eigene Bank bzw. der jeweilige Mobilfunkanbieter diesem Notrufsystem angeschlossen ist). **Aber Achtung:** Mit der telefonischen Sperrung sind die Bezahlkarten zwar für die Bezahlung/Geldabhebung mit der PIN gesperrt, nicht jedoch für das **Lastschriftverfahren mit Unterschrift.** Man sollte daher auf jeden Fall den Verlust zusätzlich **bei der Polizei zur Anzeige bringen,** um gegebenenfalls auftretende Ansprüche zurückweisen zu können.

In **Österreich** und der **Schweiz** gibt es keine zentrale Sperrnummer, daher sollten sich Besitzer von in diesen Ländern ausgestellten Debit- oder Kreditkarten vor der Abreise bei ihrem Kreditinstitut über den zuständigen Sperrnotruf informieren.

Generell sollte man sich immer die **wichtigsten Daten** wie Kartennummer und Ausstellungsdatum **separat notieren,** da diese unter Umständen abgefragt werden.

- **Deutscher Sperrnotruf:** Tel. +49 116116 oder Tel. +49 3040504050
- **Weitere Infos:** www.kartensicherheit.de, www.sperr-notruf.de

Öffnungszeiten

Die Öffnungszeiten weichen in der Regel nicht von denen in Gemeinden auf dem Festland ab. So sind **Einkaufsmärkte** meist zwischen 8 und 19/20 Uhr geöffnet und **Banken** zwischen 9 und 18 Uhr. **Geschäfte** in den Urlaubsorten öffnen meist von 9 oder 10 bis mindestens 18, meist 20 Uhr. Problematisch ist eher die Verfügbarkeit bestimmter Dienstleistungen. So sind nur wenige Banken auf Fischland-Darß-Zingst vertreten und **Postservice** wird in den Einkaufsmärkten meist nur zusätzlich angeboten. Die Museen haben in der Sommersaison überwiegend täglich geöffnet.

In Mecklenburg-Vorpommern existiert seit 2019 eine **Bäderregelung** für die Öffnung von Geschäften in touristisch geprägten Orten und Ortsteilen an Sonn- und Feiertagen. Sie gilt in den Ostseebädern und Erholungsorten auf Fischland-Darß-Zingst, jedoch nicht in Ribnitz-Damgarten 28 und Barth 23. Die **Sonntagsöffnung** ist zwischen Mitte April und Oktober erlaubt. Sofern Ostern in den März fällt, darf ab 15. März geöffnet werden. Die Geschäfte und Einkaufsmärkte dürfen dann von 12 bis 18 Uhr verkaufen. Die Regelung ist bei Kirchen und Gewerkschaften umstritten, wird aber von den Gewerbetreibenden in den Urlaubsregionen sehr begrüßt. Eine Änderung hinsichtlich weiterer Ausnahmen ist bis zum Ablauf der aktuellen Regelung 2024 nicht zu erwarten.

Da die Saison mit ihren langen Schichten sehr arbeitsintensiv ist, wählen viele Ladenbesitzer, Restaurantbetreiber und Hoteliers eine kurze Zeit im Winter für einen **Betriebsurlaub.** Generell sind aber die meisten Läden ganzjährig geöffnet, mit teils **verkürzten Zeiten** zwischen November und März.

Touren

Die meisten Urlauber auf Fischland-Darß-Zingst unternehmen Ausflüge auf eigene Faust. Insgesamt ist das Angebot für geführte Ausflüge oder Rundfahrten begrenzt, dafür haben sich einige Anbieter mit **ausgefallenen Touren zu Spezialthemen** etabliert.

Empfehlenswert sind die informativen **Ortsführungen**, die in nahezu allen Orten der Halbinselkette auf dem Programm stehen: Mindestens mehrmals wöchentlich kann man auf geführten Rundgängen beispielsweise Zingst 18, Prerow 13 oder Wustrow 2 entdecken. Die Touren werden von den jeweiligen **Kurverwaltungen** (s. S. 119) organisiert.

Infos zu **geführten Wanderungen**, etwa im Nationalpark: s. S. 82.

› **Bilden und Reisen,** Tel. 038234 489, www.bilden-und-reisen.de. Die erfahrene Reiseleiterin Karin Willner aus Born 8 bietet Touren in kleinen Gruppen und individuelle Ausflüge an. Im Kleinbus geht es entweder zu Zielen auf Fischland-Darß-Zingst oder nach Rostock oder Stralsund. Anmeldung nötig.

› **Darssbahn Erlebnistouren,** Tel. 038233 70241, www.darssbahn.de, April–Okt.,

Prerowstrom oder Mississippi? Ausflug mit dem Schaufelraddampfer

087fd-tm

ab 6 € für eine einfache Fahrt. Diese **Bimmelbahn** verkehrt in Zingst und Prerow 13 und bietet eine bequeme Möglichkeit, um einen ersten Überblick über die Orte zu gewinnen, entweder im Rahmen einer festen Stadtrundfahrt oder als Hop-on-hop-off-Variante. Die Fahrten werden kommentiert und sind ein Spaß für Jung und Alt. Tipp: Die Darssbahn in Prerow für die Anfahrt zum Nothafen nutzen und von dort auf den Rundwanderweg Darßer Ort starten.

- **Darßtour**, Tel. 01781886680, www.darsstour.de. Die Natur aktiv entdecken kann man auf den Touren von Henrik Schmidtbauer. Per Seekajak, per Rad oder als Baumkletterer ist man nah dran an den Schönheiten des Darß. Die Touren finden in Kleingruppen oder exklusiv statt. Der Preis für eine Halbtagstour startet bei 69 €, Voranmeldung nötig.
- **Infozentrum Wald und Moor** <086> Ribnitzer Landweg 3, Ribnitz-Damgarten, Tel. 038206 14444, www.ribnitz-damgarten.de/infozentrum-wald-und-moor. Ob Moorfroschtour, Wollgrastour, Sommertour oder Försterwanderung: Spannende Rundgänge mit Naturexperten bietet das Infozentrum Wald und Moor. Eine Anmeldung ist nicht erforderlich. Die Sommertour findet z. B. von Mitte Juli bis Ende Aug. täglich statt, andere Touren haben einen wöchentlichen Rhythmus oder feste Termine. Die Wanderungen dauern meist rund drei Stunden und kosten 11,50 € pro Person (mit Kurkarte 10 €, Kinder ab 7 Jahren 5 €).
- **Wildkräuterführung in Prerow**, buchbar bei der Tourismusinformation Prerow (s. S. 45), Tel. 038233 6100, www.ostseebad-prerow.de, Mai–Sept. regelmäßig, 7 € pro Person, 5 € mit Kurkarte. Eine botanische Führung für jedermann bietet die Tourismusinformation Prerow zusammen mit dem Botanischen Salon an. Essbare Wildkräuter und ihre Zubereitung sowie die Heilwirkung von Kräutern stehen im Fokus. Sie alle kann man bei einem Spaziergang durch Prerow entdecken.
- **Bernsteinwanderung zum Darßer Ort,** buchbar über Naturreisen MV, Tel. 0152 57554600, www.naturreisen-mv.de/auf-der-suche-nach-dem-gold-des-meeres, ganzjährig Do., 22 € pro Person, Anmeldung nötig. Mit einem zertifizierten Naturführer geht es an den Strand, wo erstaunliche Funde gemacht und erklärt werden. Im Herbst und Winter findet man leicht Bernstein. Im Preis enthalten ist der Eintritt ins Bernsteinmuseum oder die Schaumanufaktur.

Die Region vom Wasser aus erleben

Vom Wasser aus bieten sich neue Perspektiven und es besteht die Möglichkeit, einfach mal abzuschalten und zu entspannen. Die Auswahl an **Schiffstouren** ist groß. Diese werden zwar **nur an der Boddenseite** angeboten, da an der Ostseeküste derzeit mangels Häfen keine Fahrten möglich sind. Die ruhigen Bodden sind jedoch ideal für Ausflüge auf dem Wasser.

Man fährt entweder mit modernen **Fahrgastschiffen,** die kurze Fährfahrten inklusive Mitnahme von Fahrrädern, Rund- und **Abendfahrten** sowie Naturbeobachtungstouren anbieten. Oder man genießt einen kurzen Törn auf einem der historischen **Zeesboote** (s. S. 66), auf denen man auch mal selbst mit anpacken kann. Diese **Anbieter** sind empfehlenswert:

- **Fahrgastbetrieb Kruse & Voß,** Tel. 0172 3896090, www.boddenschifffahrt.de. Abfahrten von den Häfen Ribnitz 28, Dierhagen 1, Wustrow 2 und Born. Neben Rundfahrten zu den Borner Bülten (sumpfige Schilfinseln) ab Wustrow via Born wird auch ein Fährverkehr zwischen Ribnitz, Dierhagen und Wustrow angeboten. Fahrpreis ab 12 € für Rundfahrten.

- **Poschke Fahrgastschifffahrt,** Tel. 038234 239, www.reederei-poschke.de, Abfahrten von den Häfen Zingst, Prerow und Barth 23. Es werden Boddenrundfahrten im Zingster Strom und Prerowstrom sowie Fahrten von Zingst nach Barth mit Fahrradmitnahme angeboten. Nach Hiddensee geht es in der Hauptsaison (Mitte Mai–Mitte Sept.) täglich und in der Vor-/Nachsaison (April/Mai, Sept./Okt.) mehrmals in der Woche. Sonntags ist auch der Zustieg in Barth möglich. Fahrpreis ab 17 € für Rundfahrten.
- **Reederei Rasche,** Tel. 038234 210, www.fahrgastschiff-darss.de. Abfahrten von Prerow, Born und Bodstedt 27. Mit der MS Heidi wird ein Fährverkehr zwischen den genannten Häfen angeboten. Das Fahrrad wird ebenfalls befördert. Auch Rundfahrten auf dem Prerowstrom sind ab Prerow möglich. Fahrpreis z. B. von Bodstedt nach Prerow ab 11 €.

Unterkunft

Die **Bandbreite** an Unterkünften in der Region Fischland-Darß-Zingst ist groß. Die Mehrheit der Übernachtungsmöglichkeiten sind private **Pensionen** mit nur wenigen Zimmern. Besonders Familien schätzen die zahlreichen **Ferienwohnungen** für Selbstversorger. Obwohl es einige große **Hotels** in Barth 23, Zingst 18, Ahrenshoop 4 und Wustrow 2 gibt, sind internationale Ketten kaum vertreten.

Die **Preise** sind ebenso vielfältig wie das Angebot. Die Übernachtungskosten sind überwiegend mit denen anderer Urlaubsorte entlang der Ostsee vergleichbar. Allerdings sind sie in den letzten Jahren stetig gestiegen, was häufig kritisiert wird. Wählt man eine Unterkunft auf der Boddenseite, findet man oft günstigere Angebote als auf der Ostseeseite. Die **Hauptsaison** bilden die Monate Juni bis August, aber die Frühjahrs- und Herbstzeit sind längst kein Verlustgeschäft mehr. Im Winter bieten viele Hotels attraktive Pauschalangebote.

Für Übernachtungsgäste wird die **Kurtaxe** (s. S. 118) durch die Unterkunft abgeführt. Die Abgabe fällt also immer zusätzlich zum Übernachtungspreis an.

Bei der Planung sollte beachtet werden, dass in den meisten Orten öffentliche Parkplätze zwischen 22 und 7 Uhr nicht genutzt werden dürfen. Daher sollte ein **Stellplatz** an der Unterkunft reserviert werden.

Die Nachfrage ist mittlerweile sehr hoch und eine **rechtzeitige Buchung** zahlt sich finanziell aus. Die Qualität der Unterkünfte ist durchweg gut. Die meisten Häuser sind erst in den letzten 20 Jahren entstanden und entsprechend modern ausgestattet. Bei der **WLAN-Verfügbarkeit** müssen je nach Standort Abstriche gemacht werden, denn das Netz ist noch löchrig und teilweise schwach.

Buchungsportale

Neben Buchungsportalen für **Hotels** (z. B. www.booking.com, www.hrs.de oder www.trivago.de) bzw. für **Hostels** (z. B. www.hostelworld.de oder www.hostelbookers.de) gibt es auch Anbieter, bei denen man **Privatunterkünfte** buchen kann. Portale wie www.airbnb.de, www.wimdu.de oder www.9flats.com vermitteln Wohnungen, Zimmer oder auch nur einen Schlafplatz auf einer Couch. Diese oft recht günstigen Übernachtungsmöglichkeiten sind nicht unumstritten, weil manchmal normale Wohnungen gewerblich missbraucht werden. Einige Regierungen greifen deshalb regulierend ein.

045fd-tm

Im Barther Hafen sind Hausboote ein besonderes Urlaubsdomizil

Ferienwohnungen und -häuser

Das Angebot an Ferienhäusern und -apartments ist ebenso groß wie facettenreich und außerdem reich an Preisunterschieden. In den großen Seebädern finden sich häufig **Ferienparks** mit vielen Einheiten und umfangreichem Service, während in den kleineren Orten **private Vermieter** dominieren. Zur Selbstverpflegung sind in allen Orten Einkaufsmöglichkeiten vorhanden. Die meisten Unterkünfte bieten heute **WLAN** an.

- **Bernsteinreiter** (s. S. 94) €-€€, www.bernsteinreiter.de (unter „Ostseeurlaub & Reiterferien"). **Ferien auf dem Reiterhof:** Die praktischen, modernen Ferienwohnungen und -häuser für 2–8 Urlaubsgäste gefallen nicht nur Pferdebegeisterten. Eben diese werden die Lage auf dem Reiterhof mit seinem umfassenden Angebot aber besonders zu schätzen wissen.
- **Haus am Schilf** €€ <087> Jagdhaus 7 b, Wieck a. Darß, Tel. 038233 6250, www.hausamschilf.de. **Gemütlichkeit und Ruhe:** Diese Ferienwohnungen stehen im Örtchen Wieck in einer Sackgasse und grenzen direkt an Felder und Wiesen. Haustiere sind willkommen und eine Sauna kann gegen Aufpreis genutzt werden. Der persönliche Service überzeugt.
- **Parkresidenz Dierhagen-Strand** €-€€ <088> Ernst-Moritz-Arndt-Str. 2, Dierhagen, Tel. 038226 80762, www.parkresidenz-dierhagen.de. **Appartements in**

MEIN TIPP

Schwimmende Urlaubsdomizile

In Barth (23) und Ribnitz-Damgarten (28) befinden sich diese fest vertäuten Hausboote für 2–6 Gäste mit Komplettausstattung und schönen Terrassen. Die Atmosphäre von Urlaub auf dem Wasser macht hier den Reiz aus.

- **Floating Houses in Barth** €€ <089> Rückenwind Ferien, Stadthafen Barth, Tel. 05508 9796144, www.rueckenwind-ferien.de/unsere-haustypen/floatinghouses/floating-houses-classic-barther-bodden
- **Wellenreiter – die schwimmenden Ferienhäuser** €€ <090> Stadthafen Ribnitz, Am See 45, Tel. 0152 53920203, www.wellenreiter-ferienhaus.de

Strandnähe: Die Anlage verfügt über 80 Wohneinheiten für 1–4 Personen. Hunde sind in einigen Objekten zugelassen. Der Strand ist nach einem Fußweg von rund 5 Min. erreicht, auch Restaurants und Einkaufsmöglichkeiten befinden sich in der Nähe.

Hotels und Pensionen

Neben einigen großen Hotels, u. a. Ablegern der **internationalen Ketten** IV Jahreszeiten und Dorint, ist der Markt überwiegend von **kleinen, privaten Häusern** geprägt. Die meisten haben weniger als 15 Zimmer. Außerhalb der Saison kann man oft zu attraktiveren Preisen übernachten. In vielen Hotels wird mittlerweile auch **Wellness** und **gehobene Gastronomie** angeboten. Die größte Dichte an Hotels besitzt Zingst, Born 8 hingegen hat kein Hotel.

■ **Hotel & Pension Inselparadies** €€ <091> Klosterstr. 20a, Zingst, 038232 15326, www.inselparadies.eu. **Klein und komfortabel mittendrin in Zingst:** Auf einem Gartengrundstück im Zentrum, nur wenige Minuten von der Seebrücke entfernt, liegt die familiäre Pension mit zehn modern ausgestatteten Zimmern und Apartments. Das Frühstück ist inbegriffen und für die Gäste stehen Parkplätze an der Unterkunft (6 €/Tag) sowie Unterstellmöglichkeiten für Fahrräder mit Ladestation auch für E-Bikes zur Verfügung.

❯ **Hotelschiff Stinne** €€ <092> Am Kuhleger 13, Wustrow, Tel. 038220 336, www.hotelschiff-stinne.de. **Schiffsferien ohne Geschaukel:** Die Stinne ist ein gestrandeter Schoner, der heute als kleines Hotel dient. Sechs Doppelkabinen und die Kapitänskajüte laden zu einem romantischen Aufenthalt ein. Eine originelle Übernachtungsmöglichkeit. Auch ein öffentlich zugängliches Restaurant (s. S. 24) ist vorhanden.

❯ **Landhäuser Morgensünn & Susewind** €€€ <093> Bauernreihe 4 b, Ahrenshoop, Tel. 038220 6410, www.hoteluntermreetdach.de. **Romantisch und komfortabel am Bodden:** Im Ortsteil Niehagen am Saaler Bodden gelegen, beherbergen die familiengeführten Häuser Zimmer und Ferienwohnungen mit persönlicher Note. Das Landhaus Morgensünn hat auch ein Schwimmbad. Zugehörig ist das Restaurant Am Kiel in 250 m Entfernung.

❯ **Pension Boddenblick** € <094> Zur Oie 9, Pruchten, OT Bresewitz, Tel. 038231 81758, www.pension-boddenblick.de. **Einfach, ruhig, freundlich:** Im idyllischen Dorf Pruchten auf der südlichen Boddenseite auf dem Festland gelegen, bietet die Pension schlichte Zimmer zu moderaten Preisen. Auch Halbpension ist buchbar. Ein guter Startpunkt für die Kranichbeobachtung im Herbst.

■ **Pension Linde** €€ <095> Waldstr. 33, Prerow, Tel. 038233 60245, www.pension-linde.de. **Familiär und behaglich:** Eine einladende Frühstückspension auf einem Gartengrundstück nicht weit entfernt vom Prerower Strand. Gemütliche Zimmer und Suiten. Parkplätze für die Gäste sind vorhanden.

❯ **Schlösschen Sundische Wiese** €€–€€€ <096> Landstr. 32, Zingst, 038232 8180, www.hotelschloesschen.de. **Stilvolle Unterkunft in der Natur:** Mit 15 individuellen Zimmern ist das Hotel die einzige Unterkunft im Nationalpark Vorpommersche Boddenlandschaft auf dem Zingst. Hier kann man die Natur genießen und muss nicht auf Komfort verzichten. Das Restaurant steht nur Hausgästen zur Verfügung. Der Biergarten des Hauses ist ein beliebtes Ausflugsziel (s. S. 55). WLAN-Netz und Handyempfang sind wegen der Abgeschiedenheit eingeschränkt.

[›] *Nur in Prerow: das Zelt mitten in den Dünen aufschlagen (s. S. 130)*

Jugendherbergen und Hostels

Die einzige Jugendherberge des DJHV in der Region befindet sich in Born-Ibenhorst. Einige Hostels und preisgünstige Unterkünfte für z. B. Jugendgruppen und Familien sind in den letzten Jahren durch private Betreiber entstanden, so in Barth durch die Bernsteinreiter.

- **Hostel Haus 54** € <097> Hanshäger Straße 3 a, Zingst, Tel. 038232 848484, www.haus54.de. **Hippes Hostel für Junge und Junggebliebene:** Das Hostel hat ein trendiges, innovatives Design und spricht auch Familien und Gruppen an. Die Zimmer haben Bad/WC und es wird ein Frühstücksbüfett angeboten. Wer will, nutzt die Küchen auf den oberen Etagen zur Selbstversorgung. Der Strand ist in der Nähe.
- **Jugendherberge Ibenhorst** € <098> Ibenhorst 1, Born a. Darß, Tel. 038234 229, www.jugendherberge.de (Born-Ibenhorst auswählen), geöffnet: Ende März–Anf. Nov. **Herberge im Darßwald:** Die Jugendherberge verfügt über Zimmer, Bungalows und Zeltstellplätze mit einfachem Standard. Zu den Serviceleistungen zählen ein gesundes Verpflegungsangebot, moderne Aufenthaltsräume und umfangreiche Freizeiteinrichtungen.

Camping

Das Angebot an Campingplätzen ist vielfältig, die Ausstattung ist mittlerweile sehr gut und modern. Die Beliebtheit sorgt aber auch für eine **hohe Auslastung.** Viele Plätze befinden sich in **direkter Strandnähe** und/oder nahe dem Zentrum, z. B. in Zingst und Prerow 13. Die Saisonzeit reicht überwiegend von April bis Oktober.

- **Camping in Neuhaus** <099> Birkenallee 10, Dierhagen Neuhaus, Tel. 038226 539930, www.camping-neuhaus.de, geöffnet: ganzjährig, bis auf kurze Betriebsferien im Jan./Feb. **Strand, Wald, nette Gastgeber:** Mit 2,5 ha hat der Campingplatz genau die richtige Größe. Es gibt sonnige Stellplätze und einen Zelterwald. Es sind alle nötigen Annehmlichkeiten vorhanden und Qualität wird großgeschrieben. Der zentrale Strand von Dierhagen mit Lokalen ist ca. 2 km entfernt.
- **Naturcamp Pruchten** <100> Am Campingplatz 1, Tel. 038231 2045, www.naturcamp.de, geöffnet: April–Okt. und zum Jahreswechsel. **Campingurlaub in der Natur:** Auf dem Festland, abseits der großen Touristenziele gelegen, bietet

089fd-tm

der Campingplatz Stellplätze und Unterkünfte in Ferienwohnungen und Blockhütten. Ein Minimarkt und ein Restaurant sind ebenfalls vorhanden. Die Lage ist idyllisch in der Nähe des Boddens.

› **Regenbogen Prerow** <101> Bernsteinweg 4–8, Tel. 0431 2372370, www.regenbogen.ag (Prerow auswählen), geöffnet: April–Okt. und zum Jahreswechsel. **DER Campingplatz auf dem Darß:** Camp Regenbogen hat Kultstatus, nicht nur wegen der außergewöhnlich guten Lage am Prerower Nordstrand. Die sehr große Anlage hat ein umfangreiches Serviceangebot und offeriert auch Sportangebote und Veranstaltungen für die Gäste. Es gibt Stellplätze und Mietobjekte.

Wellness und Gesundheit

Urlaub und Gesunderhaltung miteinander zu verbinden, ist sehr beliebt – immer mehr Anbieter stellen sich darauf ein. Wellness und Spa-Freuden sind längst nicht mehr nur für die Nebensaison ein Thema, Angebote wie **Heilfasten** und **Yoga**, ergänzt durch eine vegetarische, vollwertige Bioküche, werden immer verbreiteter. Einige Hotels haben sich ganz darauf eingestellt.

■ **Haus Linden** €€€ <102> Gemeindeplatz 3, Prerow, Tel. 038233 636, www.haus-linden.de. **Veggie-Hotel mit Gesundheitsangeboten:** Das Hotel hat sich in Bau, Ausstattung der Zimmer (u. a. mit Vollholzmöbeln) und Küche ganz den Anforderungen von Allergikern und Gästen mit dem Wunsch nach gesunder, u. a. veganer und vegetarischer, Ernährung verschrieben. Ganzjährig werden Kurse zu verschiedenen Fastentechniken angeboten.

› **Hotel Haferland** €€€ <103> Bauernreihe 5 a, Wieck a. Darß, Tel. 038233 680, www.hotelhaferland.de. **Wellness und Kulinarik im ruhigen Wieck:** Neben komfortablen Zimmern werden hochwertige regionale Speisen angeboten, u. a. mit Kräutern aus dem eigenen Garten. Wellness gibt es in der Gesundheitsscheune, z. B. ein Kräuter- und Warmluftbad. Der Hotelgarten ist eine Entspannungsoase.

■ **Kurmittelcentrum Zingst** €€ <104> Rämel 5, Zingst, Tel. 038232 83101, www.kmcz.de. **Wellness im Ostseeheilbad:** Es gibt umfangreiche Wellnessangebote und ein Schwimmbad mit Sauna und Fitnessstudio. Dazu werden Ayurveda-Behandlungen und eine Sauerstofftherapie offeriert. Wer möchte, kann hier auch Ferienapartments buchen.

› **Strandhotel Fischland** €€€ <105> Ernst-Moritz-Arndt-Str. 6, Dierhagen, Tel. 038226 520, www.strandhotel-fischland.de/fis-start. **Spa, Sport und Strandvergnügen:** Das luxuriöse Strandhotel verfügt über einen sehr umfangreichen Wellness- und Sportbereich. Pool, Sauna, Massagen und Kosmetikanwendungen. Auch ist ein hochwertiges Fitnessstudio vorhanden und es werden bis zu 20 verschiedene In- und Outdoor-Sportarten mit professioneller Anleitung angeboten.

Vermietungszentralen

Die meisten Zimmer und Ferienwohnungen werden durch Agenturen vermittelt. Diese verwalten meist eine große Zahl an Einheiten, sorgen für die Reinigung und betreuen die Gäste. Oft spart man bei der Buchung viel Zeit, sofern man sich nicht auf ein bestimmtes Objekt festlegt. Auswahl und Reservierung erfolgen bequem mithilfe von **Onlinebuchungssystemen**, auf Wunsch werden aber auch gedruckte Kataloge zugeschickt.

Viele Linienbusse nehmen auf diesem speziellen Anhänger Fahrräder mit

› **Meerfischland** <106> Dorfstr. 1 a, Ahrenshoop, Tel. 038220 666788, www.meerfischland.de. Ferienwohnungen und -häuser auf Fischland und Darß.

› **Strandperlen – Ferien an der Ostsee** <107> Weidenhof 1 b, Wustrow, Tel. 038220610, www.strandperlen.de. Über 190 Objekte zwischen Dierhagen und Prerow.

■ **Zimmerbörse Prerow** <108> Strandstr. 16, Tel. 038233 69201, www.zimmer boerse-prerow.de. Appartements und Ferienhäuser in Prerow. Viele Objekte für Hundebesitzer.

Verkehrsmittel

Sich auf Fischland-Darß-Zingst ohne eigenes Auto zu bewegen, ist gut möglich, man sollte sich aber vorab über Fahrpläne und -zeiten informieren. Die Angebote sind überschaubar. Neben dem **Bus** der **Verkehrsgesellschaft Vorpommern-Rügen** bieten viele **Fahrgastschiffe** Linienfahrten an, auch mit Fahrradtransport. **Taxis** sind verfügbar, sollten jedoch vorbestellt werden.

Bus

Der Nahverkehr mit dem Bus ist gut ausgebaut und leicht verständlich. Jedoch sind die **Distanzen** nicht unerheblich: Wer zum Beispiel von Zingst 18 nach Ribnitz-Damgarten 28 fahren möchte, sollte mehr als 90 Min. einplanen, denn der **Linienbus 210** hält in allen Gemeinden der Region Fischland-Darß-Zingst und kommt daher nicht sehr schnell voran. Er verkehrt dabei von Ribnitz-Damgarten via Wustrow 2, Ahrenshoop 4, Born 8, Prerow 13 und Zingst nach Barth 23 und in umgekehrter Richtung. Die Busse fahren mindestens alle zwei Stunden, zwischen Mai und Oktober gibt es zusätzliche Abfahrten.

Die **Bezahlung** erfolgt mit Münzen und Scheinen, möglichst passend, beim Fahrer. **Fahrpläne** sind online verfügbar, können aber auch bei den Kurverwaltungen und in vielen Hotels eingesehen werden.

› www.vvr-bus.de (unter „Fahrpläne"/ „Fischland-Darß-Zingst"), Tel. 038326 600800

090fd-tm

Einzelfahrscheine sind für 1,90 € (1,30 € für Kinder 6–14 Jahre) pro Tarifwabe zu haben, in der Regel durchquert man bei einer Fahrt mehrere dieser Waben. Eine Fahrt von Zingst nach Wustrow schlägt somit mit 7,20 € zu Buche.

Die **Tagesnetzkarte** kostet für Erwachsene 14,30 €, ermäßigt 10 €, Familien zahlen 28,60 €. Ein flexibles **Touristenticket für sieben Tage** für die gesamte Region Nordvorpommern inklusive Stralsund, aber ohne Rügen (Linien 201–324) ist eine günstige Option für alle, die viel unterwegs sein möchten. Es gilt aber nur in Verbindung mit einer **Kurkarte** (s. S. 118). Erwachsene zahlen 35 €, Kinder 25 €.

Fahrräder werden während der Gültigkeit des Sommerfahrplans (Mitte Mai–Mitte Okt.) auf einem **Anhänger** mitgenommen (s. **RADzfatz-Angebot** auf S. 87). Die Fahrradmitnahme wird mit 3 € kalkuliert, für E-Bikes fallen 7 € an.

Zwischen den Boddenhäfen pendeln mehrere Fahrgastschiffe

Schiff

Das Schiff ist ein gutes Transportmittel für Orte entlang der **Boddengewässer.** Bei Radtouren lässt sich so eine Teilstrecke bequem zurücklegen, gleichzeitig kann man eine reizvolle Rundfahrt unternehmen. **Fahrräder** können gegen einen kleinen Aufpreis mitgenommen werden. Die Kapazität der Radstellplätze kann jedoch in der Hochsaison aufgrund der hohen Nachfrage begrenzt sein.

- **Fahrgastbetrieb Kruse & Voß** (s. S. 125), April–Okt., Preis ab 11 € für die Fahrt von Ribnitz nach Wustrow, Linienfahrten mit Fahrradtransport (2 €) zwischen Wustrow, Born und Prerow sowie nur für Fußgänger zwischen Ribnitz, Wustrow und Dierhagen 1
- **Poschke Fahrgastschifffahrt** (s. S. 126), April–Okt., Preis ab 12 € für die Fahrt von Zingst nach Barth, Fährverkehr zwischen Zingst und Barth inklusive Fahrradtransport (2,50 € pro Rad oder Anhänger)
- **Reederei Rasche** (s. S. 126), April–Okt., nicht tgl., Preis ab 7 € für die Fahrt von Born nach Bodstedt 27, außerdem Linienfahrten mit Fahrradtransport (3 €) von Bodstedt nach Born und Prerow

Taxi

- **Taxi Pagels,** Ribnitz-Damgarten, Tel. 03821 8693244, https://taxi-pagels.business.site
- **Taxi Service Hoffmann,** Ahrenshoop, Tel. 038220 82620, www.ahrenshoop-taxi.de
- **Taxi Oelke,** Zingst, Tel. 038232 15610
- **Preisbeispiele:** Fahrt von Zingst nach Ribnitz-Damgarten ca. 75 €, von Prerow nach Ahrenshoop ca. 35 €

Wetter und Reisezeit

Das **milde Wetter** macht die Halbinsel Fischland-Darß-Zingst zu einem **Ganzjahresreiseziel.** Aufgrund des **Seeklimas** ist es in den Wintern nicht zu kalt und die Sommer sind nicht übermäßig heiß. Jedoch kann sich das Wetter durch die Einflüsse von Wind und Wasser schnell ändern.

Zwischen Mai und September werden in den Nächten im Schnitt **Temperaturen** um 11 °C gemessen. Am Tag zeigt das Thermometer durchschnittlich 21 °C an. In den heißen Sommern der vergangenen Jahre wurden oft Temperaturen über 25 °C gemessen. Laut Statistik **regnet** es im Juli mit 10–12 Tagen am häufigsten. Trockener ist es mit je acht Regentagen im Februar und Mai. Die Sommer sind generell feuchter als die Winter. **Frost** kommt überwiegend erst im Januar und Februar vor, da die Ostsee noch weit bis in den Winter Wärme an die Luft abgibt. Das sorgt für milde, aber auch dunstige Tage. Allerdings erwärmt sich die Ostsee nach den Wintermonaten nur langsam und erreicht im Frühsommer nur 14 °C, im Hochsommer dann um 18–20 °C. Die **Sonne** lacht oft vom Himmel. Im Mai und Juni können sich Besucher über durchschnittlich acht Sonnenstunden am Tag freuen. Oft weht eine **leichte Brise** von See her und vertreibt den Dunst des Morgens. Doch im Frühjahr und Herbst fegen auch **schwere Stürme** über Fischland-Darß-Zingst.

Die Halbinsel ist eine **Wetterscheide,** häufig ist das Wetter hier anders als auf dem Festland, weiter westlich

Der Sonnenuntergang taucht Wolken und Wellen in Pastellfarben

092fd-tm

in Rostock oder östlich auf Rügen. Häufig sieht man am Horizont Wolkenbänder, während sich über der Halbinsel ein wolkenloser Himmel erstreckt. Über den Tag sind die Temperaturen relativ gleichmäßig, was für den Biorhythmus angenehm ist. Das **Reizklima** mit hoher Luftfeuchtigkeit und hohem Salzgehalt ist sehr gesundheitsfördernd, besonders bei Atemwegserkrankungen. Für die Behandlung von Hautkrankheiten werden Anwendungen mit Meerwasser angeboten. **Zingst** 18 ist aufgrund seiner besonderen Gesundheitsangebote seit 2002 **Ostseeheilbad.**

Die **besten Reisezeiten** sind der **Frühsommer** (Mai/Juni) und der **Herbst** (Sept.) mit viel Sonne und angenehmen Temperaturen. **Badeurlauber** sollten Juli und August wählen, da dann die Wassertemperatur der Ostsee am höchsten ist. Der **Winter** hat seine ganz eigenen Reize. Er ist zwar nicht sehr kalt, aber oft grau und neblig. Dazu weht ein kräftiger Wind, den man bei Strandspaziergängen erleben kann.

Die **Hauptsaison** mit dem größten Zulauf an Feriengästen dauert von Juni bis August. Im Mai und vor allem im September ist es nicht so belebt, aber das Wetter lockt zu Ausflügen und Kaffeepausen im Freien. In der **Nebensaison** zwischen Oktober und April ist es eher ruhig, aber auch nicht einsam. Der Betrieb geht in den meisten Orten weiter, die Unterkünfte bieten attraktive Angebote für Wellness und kleine Auszeiten. Die **Ferien** beginnen in Mecklenburg-Vorpommern und angrenzenden Ländern meist schon Ende Juni und damit auch die Hochsaison. Ab Ende August nimmt der Besucherstrom bereits merklich ab und man trifft mehr Paare als Familien auf den Seebrücken an.

Wetter auf Fischland-Darß-Zingst

Durchschnitt	Jan	Febr	März	Apr	Mai	Juni	Juli	Aug	Sept	Okt	Nov	Dez
Maximale Temperatur	2°	3°	6°	10°	16°	19°	21°	21°	18°	13°	8°	4°
Minimale Temperatur	–2°	–1°	1°	4°	8°	12°	14°	14°	11°	7°	3°	0°
Regentage	10	8	10	9	8	9	10	9	9	9	11	11
Wassertemperatur	2°	2°	3°	5°	9°	14°	17°	17°	15°	11°	7°	4°

› *Mit etwas Geduld gelingt solch ein schöner Balanceakt am Ostseestrand*

ANHANG

093fd-tm

Das ist
noch nicht alles!
Mehr Reise Know-How gibt es hier:
www.reise-know-how.de
Reiseführer | CityTrip | Wohnmobil-Tourguide | Kauderwelsch

REISE KNOW-HOW
@ReiseKnowHow
@reiseknowhowverlag
@Reise_KnowHow
auf www.reise-know-how.de
für den Newsletter anmelden
Zugspitze, Foto: Aneta Niemitz
Landkarten | KulturSchock | Wanderführer | ReiseSplitter

Register

A

B

C, D

E, F

G, H

I

J, K

L

M

N

O

P

Q, R

S

T

U, V

W, Z

Impressum

Anne Kirchmann, Thomas Morgenstern

InselTrip Fischland-Darß-Zingst

2., neu bearbeitete und aktualisierte Auflage 2023

ISBN 978-3-8317-3646-1

Druck und Bindung:
mediaprint solutions GmbH, Paderborn

Herausgeber: Klaus Werner, Ulrich Kögerler
Layout: amundo media GmbH (Umschlag, Inhalt), Peter Rump (Umschlag)
Lektorat: Markus Bingel
Karten: Ingenieurbüro K. Wendler, amundo media GmbH
Anzeigenvertrieb: KV Kommunalverlag GmbH & Co. KG, Alte Landstraße 23, 85521 Ottobrunn, Tel. 089 928096-0, info@kommunal-verlag.de
Kontakt: Osnabrücker Str. 79, 33649 Bielefeld, info@reise-know-how.de

Alle Angaben in diesem Buch sind gewissenhaft geprüft. Preise, Öffnungszeiten usw. können sich jedoch schnell ändern. Für eventuelle Fehler übernehmen Verlag wie Autoren keine Haftung.

Bildnachweis

Umschlagvorderseite: ©majonit, stock.adobe.com | Umschlagklappe rechts und Umschlagrückseite: Thomas Morgenstern
Soweit ihre Namen nicht vollständig am Bild vermerkt sind, stehen die Kürzel an den Abbildungen für die folgenden Fotografen, Firmen und Einrichtungen. Thomas Morgenstern: tm

Fischland-Darß-Zingst mit PC, Smartphone & Co.

QR-Code auf dem Umschlag scannen oder **www.reise-know-how.de/inseltrip/fischland23** eingeben und die **kostenlose Web-App** aufrufen (Internetverbindung zur Nutzung nötig)!

★**Anzeige der Lage und Satellitenansicht aller** beschriebenen Sehenswürdigkeiten und weiteren Orte
★**Routenführung** vom aktuellen Standort zum gewünschten Ziel
★**Exakter Verlauf** der empfohlenen Wanderungen und Radtouren
★**Updates** nach Redaktionsschluss

GPS-Daten zum Download

Die GPS-Daten aller Ortsmarken und Wanderungen sowie Radtouren stehen auf der Produktseite des Titels auf www.reise-know-how.de zum Download zur Verfügung.

Inselplan für mobile Geräte

Um den Inselplan auf Smartphones und Tablets zu nutzen, empfehlen wir die App „Avenza Maps" der Firma Avenza™. Über die Funktion „Store" kann die „Islandmap Fischland 2023" kostenlos geladen werden.

Zeichenerklärung

- Hauptsehenswürdigkeit
- Anleger Fahrgastschiffe
- Aussichtsturm
- Burg, Schloss, Ruine
- Bushaltestelle
- Camping
- Denkmal
- Erhebung
- Flughafen
- Freilichtbühne
- Golfplatz
- Hafen
- Kirche, Kapelle
- Krankenhaus, Arzt
- Leuchtturm
- Museum
- Parkplatz
- Rundblick
- ★ Sehenswürdigkeit
- Strand
- Surfspot
- Windmühle
- Windrad

- Wanderungen 1 und 2 (s. S. 82 und S. 84)
- ••• Radtour 1 (s. S. 87)
- ••• Radtour 2 (s. S. 90)

- ■ Unterkünfte
- ■ Essen und Trinken
- ■ Einkaufen/Sonstiges
- ■ Nachtleben
- ■ Aktiv

Bewertung der Attraktionen

- ★★★ nicht verpassen
- ★★ besonders sehenswert
- ★ wichtig für speziell interessierte Besucher